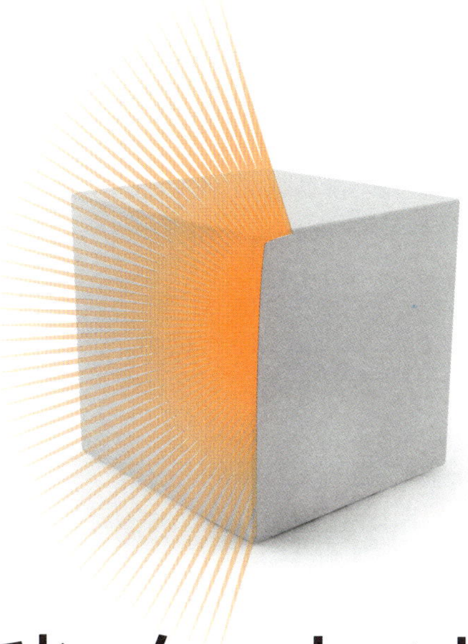

我在小米做爆品

让用户觉得聪明的产品
才是好产品

高雄勇 著

中信出版集团 | 北京

图书在版编目（CIP）数据

我在小米做爆品：让用户觉得聪明的产品才是好产品 / 高雄勇著. -- 北京：中信出版社, 2020.1（2025. 3 重印）
ISBN 978-7-5217-1315-2

Ⅰ. ①我… Ⅱ. ①高… Ⅲ. ①产品开发－研究 ②产品营销－研究 Ⅳ. ①F273.2 ②F713.50

中国版本图书馆CIP数据核字（2019）第285151号

我在小米做爆品——让用户觉得聪明的产品才是好产品

著　　者：高雄勇
出版发行：中信出版集团股份有限公司
（北京市朝阳区东三环北路 27 号嘉铭中心　邮编　100020）
承 印 者：北京盛通印刷股份有限公司

开　　本：880mm × 1230mm　1/32　　印　　张：9.75　　字　　数：210千字
版　　次：2020年1月第1版　　印　　次：2025年3月第7次印刷
书　　号：ISBN 978-7-5217-1315-2
定　　价：58.00元

目 录

前 言

《我在小米做爆品》这本书的筹备，其实从 2014 年就开始了。这可能和我的经历有关吧。我大学学的是机械制造专业，毕业以后到了当时中国最大的发动机公司北内集团，后来在中关村和同学一起创业，也算是中关村的第一批创业者吧。再后来，我在台湾制造企业做鼠标、键盘、扫描仪，在中星微电子做芯片和视频通话设备，在盛大集团跟着陈天桥折腾盛大盒子，在海信集团做智能电视和互联网运营，到了小米以后主要做智能电视。我的经历很有意思，虽然换了几份工作，但都在做互联网与硬件结合的产品。我一直说，自己是一个在互联网和传统企业跨界的产品经理。

也许是因为这些经历吧，我看到了互联网的强大力量，也看到了传统企业在面对新变化时的困惑和焦虑。尤其是到了小米之后，这种感触更深。小米用互联网模式打造硬件产品，颠覆了无数个行业，创造了无数个奇迹。在竞争极其惨烈的手机市场，小米异军突起，用三年时间做到中国第一、全球第三。我所在的电视行业，竞争极度饱和，然而小米却在短短几年内市场份额高居中国第一，将六大传统家电企业通通甩到后面。小米还开创了很多新的品类：扫地机器人、小米手环、空气净化器、平衡车、充电宝……小米的创新能力层出不穷。而在更多的“红海”领域，小米也攻城略地，小米的台灯、插线板、毛巾、签字笔、干电池、耳机等都成了市场畅销品。网友戏称：我的生活已经离不开小米了。

小米为什么能在这么短的时间内做出这么多让人称赞的产品？我必须承认雷军个人确实起到了关键的作用。但是再厉害的人精力也有限啊！企业成功的背后其实是有一套方式方法论的。这套方式方法论，我把它总结出来，就是“新一代爆品工程”。作为一个一直在传统企业和互联网企业跨界的产品经理，我很自然的想法就是能否将这套方式方法论应用到传统企业呢？我们知道，互联网在中国发展已经20多年了，可是互联网公司数量占整个中国企业数量的比例还不到10%，传统企业的数量还是占到90%以上。但面对互联网企业的冲击，传统企业所处的境地却变得越来越艰难：库存一大堆，好产品卖不出去，很多新项目投入都打水漂了。很多传统企业也想向互联网企业转型，但是越转越乱、越转越怕。对它们而言，互联网似乎就在眼前，可就是不得其门而入。

那么，有没有更简单的办法能让这些传统企业找到出路，也搭上互联网这艘航母呢？银河商学院王建敏院长第一次和我交流，就急切地问我这个问题。她做了那么多年企业培训，身边聚集了一大批优秀的企业家，她和他们建立了深厚的感情。她一直希望她身边的企业家们也能在互联网这股大潮下转型成功，这也激发了我对小米生态链更深的探讨。小米生态链上的很多企业也曾经是传统企业，比如90分行李箱、小米插线板、小米净水器等产品，都是传统企业做起来的。小米生态链有一个最简单的“打法”，就是爆品策略：一款产品打爆市场。“一招鲜，吃遍天”，这一招已经无数次得到验证。回想当初在海信，也是用一款 VIDAA 电视，打爆了整个市场。所以，打造爆品是传统企业进入互联网领域的不二法宝。

爆品很好，不过爆品应该怎么做，是一个难题。有没有可能把打造爆品的整个逻辑讲清楚，把其分解成一套简单易懂、可复制、可操作的方式方法，让传统企业快速起步？这是我一直思考的问题。有一次，我翻起曾经的产品笔记，突然想到当年在加拿大做 VIDAA 电视的时候，我们借用了建筑工程的方法，梳理整个产品逻辑。我一下豁然开朗，为什么不把这套做爆品的方式方法也按照工程化逻辑总结出来呢？有了这样的逻辑，就等于让大家手里有一套可遵循的流程，一张可照着施工的图纸随时查看。这样一来，就可以大大降低做爆品的门槛，让更多的企业尽快做出爆品来。

正是根据这个想法，我把新一代爆品工程总结成三大逻辑。

一是用户逻辑。这是互联网企业和传统企业最大的区别，互联网企业先考虑用户，考虑用户使用场景，而传统企业的出发点是产品。从不同的出发点思考就会有不同的结果。其实产品是为人服务的，我们最终还是要回到用户逻辑。今天，用户群已经发生巨大变化，80 后已经开始秃顶，90 后都已成年，00 后已经成为第二大消费群体。他们成长环境的变化也使消费产生很大的变化，他们从小就生长在互联网环境里，个性自由独立，提倡轻生活，租车租房租衣服。对他们而言，购物带给他们更多的是喜好而不是实用。他们爱追星，除了追明星，还捧网红，他们创造了无数个一天卖几亿元的网红，“双十一”的购物群体 46% 以上是 90 后、00 后。女士群体也发生变化，“她经济”推动整个消费升级。现在的女士更独立，要平等、要时尚，还要健康，对产品追求惊喜、小确幸。还有6.8亿用户的下沉市场，这个市场的用户用拼团、有偿阅读、浏览视频的方式捧红了三个互联网巨头（拼多多、趣头条、快手）。做爆品需要知道用户是谁，他们在哪里，他们喜欢干什么。只有了解用户，为他们服务，企业才有机会做出爆品。

二是产品逻辑。这个社会不缺产品，而是缺好产品。什么是好产品？黑科技、高颜值、高性价比，这是用户最喜欢的好产品应具备的三个特征。如何在红海中找到蓝海，如何做产品创新，如何让科技有温度，如何提高自己产品的颜值，如何在提高自己产品性能的同时降低产品的成本，这些都有标准的打法和套路。只有拥有“把自己逼疯，把对手逼死”的狠劲，你才有机会做出让用户惊叹的产品。

三是营销逻辑。时代变了，用户获取信息的途径变了，媒体平台也变了。70后、80后逛京东、天猫，90后、00后看抖音、快手，我们每个人都在用微信、刷头条。不懂新媒体很自卑，可是乱玩新媒体只会瞎花钱。那么，在这样的营销逻辑下，我们如何才能迅速了解这些新平台的运作规律？如何才能找到适合自己的平台？如何才能培养出自己的新媒体营销队伍？尤其是如何才能针对爆品的独特逻辑研究出不一样的玩法来？做规划、做定位、确定目标、做A/B测试、观察数据变化，我把这些看似凌乱的营销方式规范化、工程化，让企业家知道自己该干什么、不该干什么，这总比站在新媒体门口恍然不知所措强得多。

当我把这些内容都梳理清楚，规范化、工程化以后，爆品逻辑终于不再神秘。我做这些的目的只有一个：做企业难，企业转型更难，我想尽自己的一点绵薄之力，让中国的企业家更自信、中国品牌更自信、中国产品更自信。我之前花了 20 多年自己做产品，在中华人民共和国成立 70 周年之际，我把自己的经验总结出来，如果这些经验能让大家少走一些弯路，也算是我给祖国做了一点微薄的贡献吧。虽然技术没有国界，但是产品有属性，作为一个产品人，我内心一直期望中国的产品能真正走向世界。

当然，最最重要的，我还是要在这里感谢一些人：感谢我的妻子程佳，她一直是我最忠实的粉丝；感谢我的孩子们，他们是我做一切事情的最大动力；感谢王建敏院长，她总是那么无私地鼓励和帮助我；当然，还要感谢我的老板雷军、王川，他们教会了我很多很多！

最后，总结一句话：只要掌握了正确的方法，你也能做出爆品！

第 1 章

移动互联网的新风口来了

我们还没有长大，

就已经老了。

在讲如何做爆品之前，我们先看一看近期互联网世界发生了什么事情。任何事物的出现都有一个大的背景。移动互联网的普及就是爆品出现的一个大背景。因为有了移动互联网，才有了爆品的概念。或者说，移动互联网放大了爆品的意义。而近期移动互联网的快速变化，又将爆品推到了一个更加重要的位置。不了解移动互联网，自然就无法理解爆品的意义。那么，我们就先来看一下最近移动互联网发生的一些大事件。

马云退休了

“马爸爸”退休了，马老师回来了。

伴随着一首《怒放的生命》，黑色皮衣搭配黑色墨镜，还有一头小脏辫的马云宣布退休。现场的马云百感交集，泪流满面。虽然中国互联网标志性人物马云的退休是否代表一个时代的结束还未可知，但在中国互联网发展的这不到 20 年的时间里，却已经经历了好几代人。有多少人还记得当年意气风发的 8848 创始人王俊涛、中国门户网站先驱新浪创始人王志东？又有多少人还记得当年 31 岁就成为中国首富的陈天桥？当然，还有大家熟悉的搜狐、网易、优酷、百度的创始人。提起这些人，大家似乎都有点“廉颇老矣，尚能饭否”的感叹。这些公司都不过才创立了十几年啊！

好在阿里早就选好了接班人。1972 年出生的张勇曾经因为创立“双十一”而名扬海外，1986 年出生的蒋凡已经挑起天猫淘宝总裁的重担。一直有人说，阿里是中国互联网公司中组织架构能力最强的，在这种组织能力之下，其实不需要特别英雄级别的人物，这也许是马云留给阿里最好的礼物吧！

一直在风口的小米

我们今天说的小米，已经与当初那个只卖小米手机的小米相去甚远了。2018 年，雷军在一个发布会上正式宣布小米开始推进“双引擎”战略：手机 + AIoT。大家对小米手机已经很熟悉，那什么叫 AIoT？ AI 大家应该也很熟悉，它是 2018 年最火的词之一，就是人工智能；IoT 就是我们常说的物联网，这个词虽然老百姓不熟悉，但理工男很熟悉，因为前几年很火。小米这次提出的“AI + IoT”，会不会是老瓶装新酒呢？抑或是这些互联网先锋人士造出来的一个新概念呢？

那么，我们来看一下小米到底是在喊口号，还是真的干了些什么？

小米有一款产品叫“小爱同学”，这最早是一个智能音箱，是 2017 年 7 月 26 日发布的。这款产品很快就火遍网络，曾有一年多时间都抢不到货。后来，小米又将“小爱同学”内置到手机、电视、耳机等各种智能硬件里，一时“小爱同学”成了网络热词。那

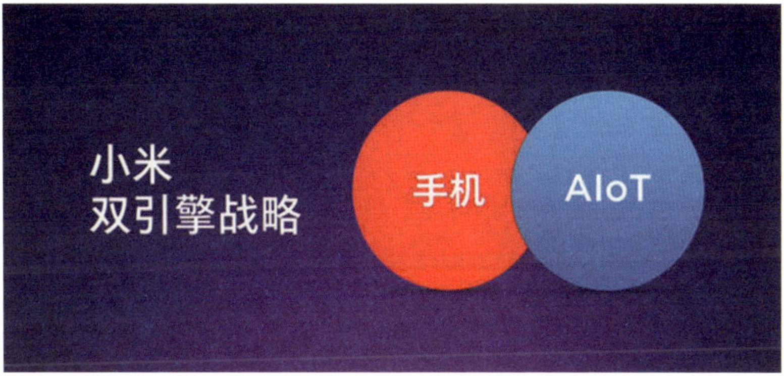

小米的“双引擎”战略

么，这款产品现在发展到什么程度了呢？我们来看一下小米官方在 2018 年 MIDC 大会上公布的情况。

看看下面这些惊人的数字，内置“小爱同学”的设备累计激活数量已经超过 1 亿台，“小爱同学”被唤醒次数已经超过 80 亿次，它的月活跃用户数已经超过 3 480 万。2019 年第二季度，小米的半年报披露“小爱同学”的月活跃用户数已经超过 4 990 万。如果再加上阿里的“天猫精灵”、百度的“小度音箱”，小米光智能音箱销量就超过 1 亿台。这是什么概念？就是大家在讨论 AI 的时候，觉得 AI 离我们还很遥远，但是事实上已经有几千万用户每天都在使用它，它就在我们身边，已经影响了成千上万人的生活，而且发展速度越来越快！

好吧，还是有人觉得，一个“小爱同学”，其实也就是聊聊天、逗逗乐，谈不上解决多大的事情，那我给大家介绍另外一款产品，一款离你很近，而且很快就会影响你生活的产品——门锁。也

“小爱同学”的业绩数据

许你不知道，一款叫作智能门锁的产品，很快就会出现在各家各户的门上。现在在国内，智能门锁安装量已经达到几千万户，在北上广深以及其他很多城市，几乎每个居民小区都已经有人安装了智能门锁，它的安装量年增长率是 60%、80%，甚至 100%。小米投资的一家生态链企业生产的鹿客智能锁，已经开始抢占这个巨大风口，成为行业的领头羊。2018 年年底，该企业获得了 6 亿元投资，很快成为该行业的独角兽。

大家可能会很奇怪，一把锁，有那么大影响吗？是的，在一些普通用户看来，智能门锁只是比原来的锁方便一些，他们还是担心安全问题，这其实是一个伪命题。锁安全不安全，主要是和邻居家的锁相比，一个小偷也许更习惯撬传统锁。智能锁采用了更高规格的 C 级锁芯，同时还具备撬锁报警等十几项安全措施，比传统锁安全好多倍。除了安全，智能锁的使用也比传统锁方便太多了，我们终于可以不用带钥匙出门，也不会再遇到由于没有带钥匙而被锁在门外的尴尬情况了。因为你可以用自己的指纹来解锁，用密码来解锁，甚至还可以远程给你的朋友发一次性密码。智能门锁更安全、更方便，这还不是它最主要的好处，它真正的好处也许是为你的智能生活打开一扇门。可以简单地设想一下：你一开门，屋里的灯就自动亮了，空调自动调到你需要的温度，房间里响起你喜欢的音乐，饮水机自动调整到热水状态，窗帘自动开启……曾经梦想的智能家庭，现在不就在眼前吗？尤其是现在喜欢独处的人越来越多，你回到家里，总有一盏灯在等着你，进门总有一句热情的"欢迎回家"的问候在等着你，是不是让你的生活变得温暖了很多呢？

其实不仅是智能门锁，人工智能和智能家庭的兴起还会带动无数个新兴产品，比如扫地机器人、智能灯、智能吸尘器、空气净化器、家庭安防等都已经快速崛起，成为最近几年智能硬件的巨大风口。

在听小米讲人工智能的时候，很多人认为小米是在讲人工智

鹿客智能锁产品图

能的未来，其实它讲的是现在，讲的是正在发生的事情。根据小米2019年半年财报，拥有5件以上小米IoT产品的用户已经超过300万，他们还把这些设备连接起来，这一数字同比增长78.7%。随着越来越多的企业进入这个行业，AIoT及智能家庭终于迎来了它的黄金十年。

亦正亦邪的拼多多

2018年，互联网公司扎堆上市，小米、美团上市引起巨大反响。但是2018年还有一家公司上市，这引发的话题热度比小米还要高，这是哪家公司呢？它就是拼多多！

一说起拼多多，会出现两种截然不同的声音：一种是满屏的不屑——廉价、假货、烧钱、地摊货、五环外用户等，甚至还有人说它是骗子公司；而另外一种声音则是羡慕和赞誉——从成立到上市仅仅3年时间，电子商务发展的一个奇迹，京东、淘宝的最大竞争对手来了……

持以上两种观点之一的人都不是少数，在我的朋友圈也是这样，但看衰的人还是占大多数。不过作为一个产品经理，首先要做到的就是不能人云亦云，需要有自己独立冷静的思考与判断。为了弄明白拼多多到底是个什么公司，我决定亲自试试，去这个神奇的App（手机软件）上买点东西。

买什么呢？正好此时小米新出了一款照片打印机。现在我们手机里有大量照片，但是很少打印出来。在我们那个年代（仔细想想其实也就 10 年前，怎么感觉年代那么久远了），最时尚的做法就是打印几张照片，把它们放到相框里，摆在办公桌上。可是这些年大家很少这样做了。不管了，有了这款小米照片打印机，我就挑了手机里的一些照片打印出来。于是，我就需要买一些相框。到哪里买相框啊？北京那种小商品批发市场好像都关闭或外迁了。我想起了拼多多，不是说拼多多上的东西很便宜吗？再说，我对一个相框的质量也没那么高的要求。于是，我准备上拼多多买 20 个相框。我搜索了一下，上面相框的种类还真不少，比较便宜的才 1.6 元一个。虽然有心理准备，但这个价格还是让我大吃一惊，我确实有些怀疑，这会不会是一个骗局。可是不就才 1.6 元吗？就是真的被骗又能损失多少呢？于是，我怀着怀疑的心情下了 20 个订单，每个订单一个相框。估计大家在骂我太坏了，其实我一方面是在有意避免风险，哪怕丢几个包裹也没关系；另外一方面是想探究一下拼多多背后的商业运作模式。这是产品经理的职业病，建议大家别学我。

估计读者也好奇，最后结果怎么样？结果是大概过了 5 天，这 20 个相框被送到了我办公室，一个也不少！而且相框质量还不错。我打开了几个，把照片放进去，没什么问题。那几个相框现在还摆在我的办公桌上。

相信大家很惊讶，我也很惊讶！1.6 元的相框，质量还不错，问题是它还包邮啊，我可是一分钱快递费都没花啊！我仔细看了一下它的生产厂家，是浙江金华的一个厂商。一个 1 块 6 毛钱的相框从浙江金华送到北京清河，还包邮，质量还可以，里面还贴心地送了一张膜，用来保护照片。我就疑惑了？它挣什么钱呢？它背后的商业逻辑是什么呢？我感觉很神奇，所谓“事出反常必有妖，人若反常必有刀，言不由衷定有鬼”，它的“妖”在哪里呢？

于是，我开始认真研究起了这家公司。不研究不知道，一研究吓我一跳。我们看一看拼多多 2018 年年报披露的数据：它的活跃买家数量达到了 4.18 亿，月活跃买家达到了 2.726 亿。这是什么概念？中国 13 亿人口，减去 3 亿不上网的用户，已经有一半网民在使用拼多多了。大家是否觉得这是很神奇的事情？而且它的交易额也非常高，2018 年它的交易额已经达到 4 700 亿元。拼多多 2019 年第二季度财报显示：它的年活跃用户达到 4.832 亿，移动月活用户为 3.66 亿，同比增长 88%；过去 12 个月的 GMV（成交总额）为 7 091 亿元，同比增长 171%；第二季度的收入也达到了 72.9 亿元，同比增长 169%。这些数据可以说非常可观。

大家可能还是会说，互联网公司为了笼络用户，不惜成本地砸钱。不过，我们看拼多多的财务报表可以发现，如果不是那么大规模地进行广告推广和补贴，这家公司是可以赢利的。也就是说，现在这家公司之所以还在亏损，是因为它还在快速扩张期，一旦完成扩张，减少推广费用和补贴费用，它可以很快变成赢利的公司。所以，虽然烧钱这件事情确实存在，但是它烧得很明白。

那么，拼多多的商业逻辑到底是什么呢？我们回到商业的本质。其实，商业能产生溢价不外乎两个原因：一个是距离，把一个物品

拼多多 2019 年第二季度财报亮点

从一个地方运送到另一个地方，因为中间有距离，所以产生溢价；第二个是时间，今天的商品要明天来用，因为有时间差，所以产生溢价，这是商业的本质。举个例子。烟台盛产苹果，苹果在当地的价格很低。但是如果将苹果运到海南去销售，由于距离遥远，还需要冷藏保存，所以苹果到了海南就会贵上好几倍。其实还有一种成本就是时间。因为销售也有一个周期，你需要花一些时间把苹果卖出去，这中间会产生损耗和销售成本。所以，对于销售苹果来说，最大的成本其实不是苹果本身，而是距离太远产生的成本，以及零散销售产生的成本。那么，拼多多是怎么降低成本的呢？它首先在海南找到足够多的买苹果的用户，先把这些用户圈起来，无论是采用拼的方式，还是采用促销的方式，先拿到大量订单；有了这些订单，再直接去烟台进苹果，通过城市直通业务把苹果运送到海南大仓，然后通过当地物流快速把商品送到用户手里。这样一来，整个销售过程变短，效率变高，自然中间成本急剧降低，将这些降低的成本返给用户，用户购买的苹果自然就比原来以传统方式购买的苹果便宜一半以上。

我买的相框其实也是这样。单个来看，我是一个个体，20个相框下了20个订单，但是由于这个相框足够便宜，下订单的人很多，北京地区花几天拼一车并不难，然后直接把相框从浙江金华运到北京，再送到用户手里，这种集中配送成本分摊到每一个商品上，其实并不高。而且有趣的是，虽然我下了20个订单，但是最终送到我手里的，其实是一个整包，也就是一个订单。所以这样一来，成本又降低了很多。这就是拼多多商品便宜还包邮背后的逻辑。

拼多多其实还隐藏着另外一种商业模式，这种商业模式就是C to M（工厂直销模式）。当用户已经达到一定数量，而且每天的订单数量稳定且庞大的时候，拼多多其实有机会自己建工厂，然后直接将工厂生产的产品卖给用户，这样做效率更高，用户也有可能获得更好、更低成本的产品。但这需要直接打通生产环节，要求拼多多不仅是一个电商平台，还要是很多产品的直接生产厂商，这个时候的拼多多会更加可怕。

从这一点看，拼多多选择的是一种非常聪明的商业逻辑，利用消费端倒逼供应端，大大提高了商业效率，自然得到了很多用户的喜爱！

高歌猛进的盒马鲜生

2018 年，北上广深的用户，还有南京、西安等城市的居民，开始认识一个“新物种”——盒马鲜生。为什么说它是“新物种”呢？因为很难界定盒马鲜生属于哪一类商业模式。说它是超市吧，虽然它确实和其他超市一样，甚至比一般的超市还漂亮，但它的商品没有其他超市堆得那么高，高得踮着脚尖也够不着；也没有其他超市那么拥挤，挤得几乎所有过道都堆满商品。除了漂亮的购物区，它还有一个很大的就餐区，用户买了商品可以直接在里面加工，那些龙虾之类大家吃得少又不会做的食材，盒马鲜生可以现场帮你做。尤其是广受大家喜爱的小龙虾，做好后端出来很快就被抢光了，导致旁边的就餐区永远人满为患。

盒马鲜生也有自己的爆品逻辑，它最早做的爆品是帝王蟹。很多人听说过帝王蟹，可是没有吃过，甚至没有见过。盒马鲜生把它带到店里，吸引了大量用户前来观看，后来又陆续引进了澳洲龙虾、生斑，所谓“海鲜明星”都到齐了，盒马鲜生的知名度也因此高了起来。

说盒马鲜生是一个餐厅，好像也不是，因为它的就餐区还真不大，只靠这点就餐面积收回成本有些难。盒马鲜生还支持外卖，据了解，盒马鲜生的外卖不是副业，而是主业，它 70% 左右的生意来源于外卖。你如果想在盒马鲜生上下单，必须先下载一个盒马 App。下单以后，你只要完成线上选购并付款，它就在门店开始自动拣货，这叫“门店自动拣货”，拣货完毕有一条传送带把货送到门口。快递员拿了货物会送到用户家里。中间过程几乎不需要我们原来庞大的收入系统、分拣系统，全部都靠智能化设备完成，效率非常高。

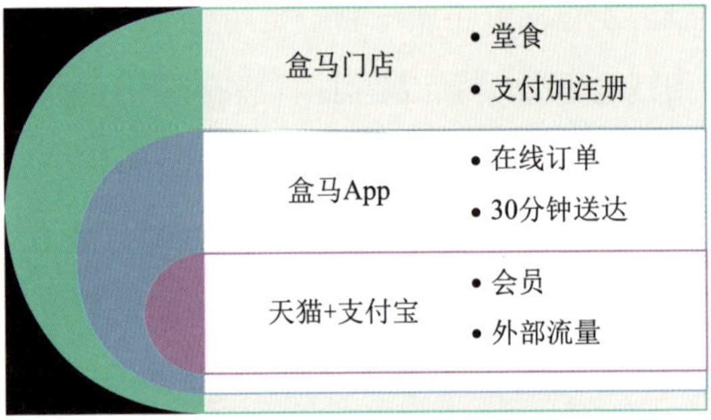

盒马鲜生与天猫模式对比

所以，盒马鲜生给人的感觉既是超市、餐厅、库房，又是外卖集散地，是一个多功能枢纽。那么，它到底是一个什么物种呢？

在我们判断它是什么物种之前，先看看它想消灭谁吧，或者说它的主要竞争对手是谁。盒马鲜生的创始人侯毅先生曾说过：盒马鲜生其实想干掉的是你家里的冰箱！是的，你没看错，是冰箱！

这就叫跨界！一个做超市的不盯着其他超市，却盯着你家里小小的冰箱！大家可能觉得，冰箱有什么可颠覆的！

可当我听到这句话时，确实受到很大的震动。我大概在2012年专门研究过冰箱产业。在没有盒马鲜生之前，我在做智能电视的同时，也曾经研究过智能冰箱。当时我就想如果冰箱产业能做到智能化，也许是一个很大的机会。于是，我召集了一拨同事研究了 3 个月，最后得出一个让我自己都很惊讶的结论：冰箱是家庭电子商务最大的入口！什么意思？我们一直认为冰箱只是一个电子产品，它基本的用途是什么呢？是储存食物。而食物需要从冰箱里进进出出，这不就是我们说的电子商务的入口吗？如果谁能在这个入口把握机会，应该很有一番作为。可惜当时我一直忙于智能电视的研发工作，对电子商务理解不深，所以错过了这个很好的尝试机会。

这个机会有多大呢？我们做一道简单的算术题：一个普通的三口之家，冰箱里一年进进出出的食物大概价值多少呢？正常三五万元是没问题的吧。牛奶也好，水果也好，每年从冰箱里进进出出的食物不在少数。我们假设每家每年总计在冰箱里存放的食物总共值 5 万元。盒马鲜生的想法是什么呢？如果某个家庭购买的食物有一半可以不用存放在冰箱里，直接从盒马鲜生买，那它每年从该家庭获得的收入就是 2.5 万元；假设盒马鲜生最后能覆盖 1 000 万家庭，那它一年的销售额就超过 2 500 亿元。这样一算，盒马鲜生盯着的是一个巨大的市场机会。

那盒马鲜生是怎样做成这件事情，让用户的冰箱闲置下来的呢？其实，它的做法非常简单。我们一起来看看它制定的两个策略：第一个策略，用户家方圆 3 公里范围内可以免费配送；第二个策略，方圆 3 公里范围内半个小时送货上门。半个小时送货上门是什么概念？当用户发现自己想吃什么而家里没有的时候，从换上鞋出门去买到回到家里，一般都会超过半小时。那盒马鲜生就告诉用户：你不用出门，我来帮你搞定，不仅半个小时送到家，还免外送费。这对用户来说太方便了！于是，盒马鲜生利用人们想偷懒这个心理，免费为用户配送。大家很快就会习惯盒马鲜生提供的服务，慢慢就离不开它了。

那么，盒马鲜生赚钱吗？2019 年 9 月，盒马鲜生的创始人侯毅发了一条消息，宣布盒马鲜生成立 4 年，已经进入全国 22 个城市，开设 171 家店铺。其中更有说服力的是，被称为“一年香”的门店 RBITDA 转正，即开始赢利了。这说明盒马鲜生已经进入良性发展阶段，并开始快速复制。据了解，盒马鲜生实现盈利有一个很重要的原因，就是它的线上下单量接近 70%。也就是说，盒马鲜生通过线下爆品获客，其盈利很大一部分依赖于电商。

盒马鲜生“新零售马拉松参赛证”

随着超市运营取得成功，盒马鲜生开始涉足菜市场、便利店。也许在不久的将来，我们的生活就会离不开盒马鲜生了。

盒马鲜生到底解决了一个什么问题？我们刚才讲到，当一个商品因为时间产生溢价的时候，把这个时间消除、成本降低，用户就可以享受到及时、低价的商品。这种方便性是用户的需求，也是盒马鲜生的生存之道。随着盒马鲜生的快速扩张，越来越多的用户被它“宠坏”，待在家里也可以享受各种美食，盒马鲜生也就真正迎来了它的蓬勃发展时期。

盒马鲜生带给我们最大的启示是什么？以前，很多人说有了电商之后线下店都活不下去了，而盒马鲜生做了一个非常好的线下开店的示范。我们不必纠结盒马鲜生的运营形式是线上还是线下，我们需要关注的是坪效。今天，线下店要想取得成功，需要在线上引流，要有线上订单。把线上线下打通之后，你就会发现一个完全不同的商业模式。所谓的新零售，打造的就是一个场，一个用户购物的场。至于这个场是在线上还是在线下，并不重要，重要的是用户在这个场里买东西。盒马鲜生应该算是真正从实践层面实现新零售的典型范例。用一句通俗的话表达就是：线下店还是那个店，线下店已经不是那个店！

异军突起的头条系

我一直说，今日头条是一家神奇的公司。之所以说它神奇，主要是因为两个原因。一是它的成长速度。今日头条于 2012 年成立，到 2018 年年底，仅仅 6 年时间，它的估值就达到 750 亿美元。二是它所在的行业。它一开始只是一个新闻客户端，现在已经发展成为新闻、短视频领域的领头羊，把竞争对手抛得远远的。

前几年，我们一直讲互联网发展出现了瓶颈，尤其是在 BAT（百度、阿里巴巴、腾讯）三座大山之下，似乎其他互联网创新、创业企业很难有立足之地。但仅仅几年后，头条的发展迅速超过百度，成为仅落后于阿里巴巴、腾讯的又一个互联网大鳄。而且从目前的发展态势来看，它的增长速度仍然很迅猛。

那么，头条系到底厉害在哪儿呢？它厉害就厉害在它的商业模式不是很复杂，它是一家非常典型的互联网广告变现企业。说起互联网商业模式，从其本质上来看，就只有两种模式：一种是广告公司，一种是电子商务公司。头条系属于典型的广告公司。

下面，我们来分析一下整个广告市场。整个中国广告市场的估值在5 000亿元左右，腾讯拿走的最多，有1 500多亿元，阿里拿走1 000多亿元，百度拿走800亿~1 000亿元。也就是说，传统的广告市场基本上都被BAT拿走了。新浪、58同城、爱奇艺，当然还有小米等互联网公司，拿走剩余的一小部分。是的，我提到了小米的广告业务，大家可能觉得很奇怪，后面我会给大家详细揭秘。小米在互联网广告方面的成绩也相当不错。

在以前的广告市场，BAT占据绝对的优势地位。然而这几年，广告市场开始发生剧烈变化，而引发这个变化的核心就是头条系。头条系2016年的广告收入大约为50亿元，2017年大约为100亿元，2018年大约为500亿元，2019年广告收入的目标是1 000亿元。甚至有人说，这一数字也许可以达到1 500亿元。这个广告收入是什么概念？在2018年，500亿元就相当于国内5大头部卫视收入之和；2019年，如果其收入最终实现1 000亿元，那它就从收入上彻底超过百度，逼近腾讯和阿里，甚至完成超越它们。

这家公司为什么突然之间成长得这么快，在几年时间里就和我们熟悉的阿里、腾讯接近了呢？背后的原因是它正在改变整个互联网广告行业。互联网广告模式获取收入的逻辑非常简单，就是点击量乘以点击单价。

互联网广告收入 = 点击量 × 点击单价

点击量很好理解，就是用户点击广告的次数，或者广告展示的次数，一般来说点击量越多，收入就越高。互联网一般按照 CPM（千人成本）收费，也就是 1 000 次点击的价格，比如 1 000 次 10 元、50 元或 100 元，不同厂商、不同模式、不同位置的广告价格也不相同。不过，总体换算下来，点击一次也就几分钱或者几毛钱。

按照这个逻辑，我们来看看头条系是怎么实现快速增长的。首先看它的点击量。头条系在这一点上做得确实很好，它的日活用户（每天使用的用户数）从几百万增长到几千万。2019 年年初，仅今日头条的月活用户就达到 2.6 亿，日活用户已经接近 1.2 亿。这个数据太可怕了！而且这个数字还有很大的增长空间，因为微信用户已经超过 10 亿了。现在除了国内，头条在海外也已经攻城略地，发展势头迅猛。

我们再来看它的客单价，也就是广告商愿意为 1 000 次展示掏多少钱。可以说，头条系在这个方面的发展让人更加充满想象力。

在说客单价之前，我们需要先了解今日头条是个什么公司。头条创始人张一鸣从创立头条那一天，就一直坚持头条是个技术公司。有趣的是，同样发展很好的快手也坚持自己是一家技术公司。这一点大家可能不理解：很多人接触头条不是因为今日头条 App 吗？这个 App 和网易新闻 App、新浪新闻 App 不是一样吗？它们还真是不一样！

为什么头条系发展得那么快？就是因为头条有一个和其他 App 不一样的地方。你浏览了一下新闻，觉得看得差不多了，想要看更多相关内容怎么办？在头条，你不用翻下一页，只需用手往下滑一下，想看的新的新闻就呈现在眼前了。这对手机用户来说确实太方便了！你看完滑一下，再看完滑一下，由于每滑一下都给你新的内容，你的时间不知不觉就被耗掉了。这就是头条和其他 App 的不同之处。而这个不同之处实现的背后是完全不同的技术架构。我们简单做个计算：现在，今日头条的日活用户超过 1.2 亿，最高同时在线人数轻松过 2 000 万。大家想象这样一个场景：2 000 万人同时往下滑，头条在 1 ~ 2 秒内给这些人推送完全不同的内容。大家注意，是给出 2 000 万个不同的内容。因为每个人看到的内容可能都是不一样的。这种方式背后的计算能力得有多强！可以这么说，一般的大型网站受到这么高的流量冲击，早就垮了！可是头条系的稳定性做得相当不错，这就证明头条系后台的计算能力多么强大！到今天为止，头条系应该是国内甚至全球计算能力最强的公司之一。从这个角度来看，今日头条是一个地地道道的技术公司。

好，既然它是一个技术公司，那我们再讲讲技术有什么用。在现在这个商业社会，能变现的技术才是好技术！除了计算能力，头条还有一个与众不同之处，就是个性化推荐。什么叫个性化推荐？就是每个用户看到的内容都是量身定制的，用户喜欢什么它就推什么，每个人看到的内容都不一样。我们叫“千人千面”。这一点也是用户非常喜欢的，但是要做到这一点非常不容易。我们今天不探讨具体的技术问题，我只是想告诉大家：做个性化推荐很容易，但是要做好非常难，而要同时为几亿人做个性化推荐就更难了。

结合强大的计算能力和强大的个性化推荐引擎，把这两件事情放在广告投放上，就发生了巨大的变化。传统的互联网广告一般是大面积撒网，能投得起广告的大部分也是世界 500 强或者中国百强企业，这些大企业的广告投放量占到广告投放总量的 80% 以上，剩下的才是一些中小企业的投放。毕竟广告投放不便宜，而其实际效果却很难评价。原因很简单，原来的广告投放就是大面积轰炸，所有展示都一样。这个时候，只有有钱的企业才做得起广告，一些初创公司、小公司没法做广告。为什么？因为它们付不起这笔钱。

这个时候，头条系说：没关系，找我，我可以给小品牌做广告。如果用户今天想要在海淀区做广告，那头条系就只把广告推荐给海淀区的用户；如果用户今天只想让东莞的用户知道，那头条系就只把广告推荐给东莞的用户。这种原来由一些区域性小广告商干的事，头条系说自己也可以干。它不仅能干，还能干得更好！为什么呢？因为它能为企业找到更精准的目标用户群体。

举一个简单的例子。假设有一家做医药的公司，今天想在北京地区推广一种新药。头条说：我给你一个广告推广方案。影响药品销量最主要的是哪个人群呢？当然是医生。假设北京有 100 万名医生（具体数量我还真不了解，这只是一个假设）。头条说：

我可以精准找地到这100万名医生，然后只把广告推给这100万名医生，每个推送我只收10元，那么广告费合计就是1 000万元。这对药品公司来说，太值了！广告预算降低很多，而直接影响力却大大增加！广告主自然会争先恐后地来投放广告。这就带来一个巨大变化，原来广告单次价格也就几分钱或几毛钱，现在几十元上百元大家还抢着来投，客单价提升几十倍甚至上百倍，收入自然就上去了。这就是精准推荐带来的巨大经济价值。

做了这件事情以后，头条的广告用户群和一般广告用户群最大的不同是：原来的广告用户80%都是最强势的品牌，而头条则不同，头条里35%以上的广告投放商大家根本就不知道是谁，因为这些投放商只要在一个地方做广告就够了。这就是长尾理论。当长尾越来越长，积累越来越深厚，公司的业务基础也就越来越坚实了。

这会带来两个明显的变化。第一，客户会变得非常稳定，不用再担心经济形势不好、大公司削减广告费等问题。如果大公司有困难，小公司就会过来，迅速在某一个地方发挥优势，抢占市场。小公司可以大胆做广告，扩大它的区域影响力，整个广告市场也得到了更加健康的发展。

第二，客单价发生变化，不再单一依靠点击量，毕竟点击量总是有天花板的。现在广告市场更丰富了，精准投放使广告价值越来越高，这从另外一个维度拓展了广告市场。

讲了这么多商业模式、技术方法，这些都有些抽象，我们再讲点具体的、大家容易懂的内容。

大家经常说“时间就是金钱”，大家认同这个观点吗？谁占用用户的时间越长，谁就越值钱。我们来看看下面这个图表。

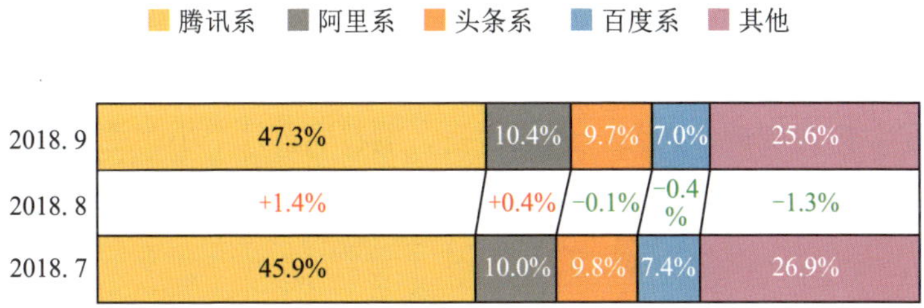

2018 年 Q3 中国移动互联网各巨头独立 App 总使用时长占比

资料来源：QuestMobile TRUTH 中国移动互联网数据库，2018 年 9 月

这就是中国用户在几大主要互联网产品上的时间消耗情况，或者说中国用户的时间都消耗在哪些 App 上。大家看到消耗时间最多的，毫无疑问是腾讯，它消耗了大家 47.3% 的上网时间。原因很简单，腾讯有微信和游戏。我相信现在很多人离开微信已经没办法生活了。腾讯消耗了用户将近一半的上网时间，所以它很值钱。

第二名是阿里，消耗了大家 10% 左右的上网时间。10% 左右也不错啊，看来大家还是很喜欢购物的！头条系消耗了大家 9.7% 的上网时间，这个数据我先说明一下。这是 2018 年 9 月的数据，当时头条系是第三名，第四名是百度，消耗大家 7% 的上网时间。你们知道为什么头条能超越百度吗？原因很简单，就从占用用户上网时间来讲它已经接近了阿里。那我们就按这个指标排序，今天头条是不是还是互联网前三强？我相信，头条系现在还在迅速扩大。所以，单从抢占用户上网时间来讲，头条系已经很可怕了。它抢占了用户更多的时间，自然就有更多商业变现的机会。

现在有很多头条用户，把时间耗在两个产品上面：今日头条、抖音。无聊的时候刷刷头条，没事往下一滑，1 个小时就过去了。抖音更神，10 秒一条的抖音，刷着刷着几个小时就过去了。这就是头条神奇的地方，让用户在不知不觉间把时间都给了它。

有点“变味”的苹果

对苹果来说，2018 年不是好的一年：一方面，手机销量被华为超过，退居世界第三；另一方面，股价狂跌，把头名的位置拱手让人。2019 年，苹果的日子会更加艰难。很多人感叹：苹果失去乔布斯之后缺乏了创新的动力，更多的是想尽一切办法吃老本。看一下今天的手机市场，也确实能得出这个结论。5 年前如果谁手里有一台苹果手机，是很厉害的。吃饭的时候，你把它摆放在桌子上，朋友们会用艳羡的眼光看着，或者拿过来摸几下，羡慕不已！而今天，你在餐桌上吃饭，不管你手里拿的是小米手机，还是华为手机，或者是苹果手机，大家基本上都不会太在意。为什么呢？因为现在的手机都长得差不多，用起来也差别不大了。当年火爆的苹果手机“黄牛党”，早已不再倒腾苹果手机了。

这是一个非常典型的场景，其背后的商业逻辑也非常残酷。任何一个产业开始往上走的时候，都是一个高速增长的过程，各种产品差异化很明显。那个时候，谁的产品做得好谁就能迅速占领市场。但是这个过程过去后，到了一个平稳期，所有产品就开始趋同。不同产品的差异化没有了，实现产品溢价就比较难了。苹果手机原来的溢价可以达到三四千元，今天也就几百元。原因很简单：大家的产品都差不多。从另外一个角度来看，现在一般的智能手机也能满足用户的需要了，再大的差异化也是厂家炒作出来的，对用户来说意义不大。我们调查了很多从买苹果手机转为买小米手机的用户，大部分人换机的原因是觉得手机都差不多，何必多花几千元冤枉钱呢？

这就是手机竞争背后的商业逻辑。今天，苹果面临的最大问题不是苹果手机本身的问题，是手机同质化太严重。反过来说，用户对智能手机的需求也就这么多，不就看个抖音，刷个微信，然后网上购个物，现在哪一款手机做不到呢？从实用角度来看，一部 699 元的红米手机已经足够用了，不需要花那么多钱买其他手机！有趣的是，你会发觉现在所有的手机已经在拼拍照功能，不拼手机性能了！这是因为手机同质化已经到了分不清谁好谁不好的地步了，用户挑品牌也就是买个心理安慰吧！

这才是危机，苹果最大的危机。

苹果意识到了这个危机没有？当然意识到了，它比任何人都清楚。所以，苹果在 2019 年 4 月开了一次很神奇的发布会，宣布苹果的重大调整，从原来以硬件为主导的模式，转变为硬件、软件、服务并重的模式。

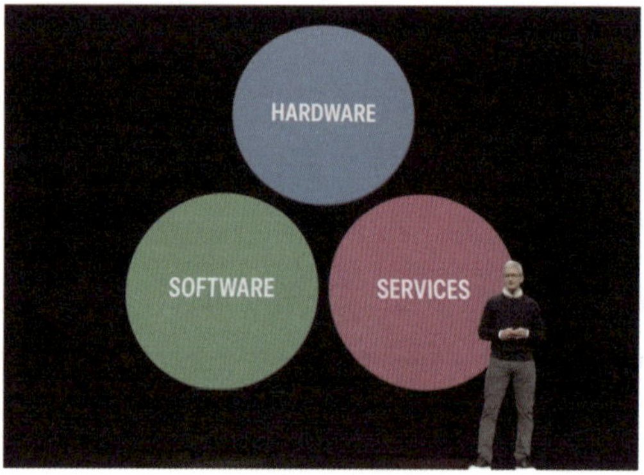

2019 年苹果手机的重大调整

当熬夜看这个发布会，看到这张图的时候，我有点穿越的感觉。因为 2011 年，雷军也发布过一张类似的图。大家看看，这两张图是不是很相像。

2011 年小米发布的重大调整

类似这样的图雷军在公开场合发布过很多次，大家再看看下面这张图。

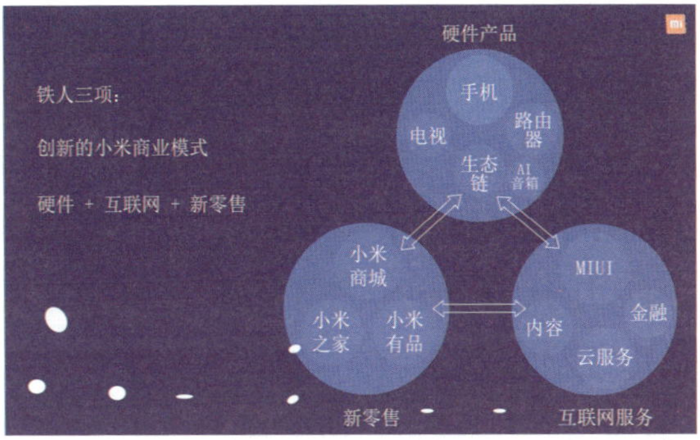

创新的小米商业模式

还有这张图：

互联网手机铁人三项

大家也许不相信，不过可以去网上搜索，这样的图到处都是。

这些图太相像了，对我来说又太熟悉了。于是，我犯了一个互联网人经常犯的错误，手一抖就发了一条微博。

好吧，我承认我错了，发微博就发微博吧，还说话，还说得罪很多果粉的话：苹果学小米，也来铁人三项了。后果来了，我的微博阅读量暴涨几十万，评论也好几百条，这些评论几乎都是在骂："小米高管怎么这么不要脸，苹果学小米？"后来各种媒体也煽风点火，这竟然成了当天的一件大事。

我委屈吧，我可是有图有真相啊！苹果发布这张图的时间是2019年3月，小米发布这张图最早是在2011年，大家可以去网络上查，这既不是我杜撰的，也不是猜的，这是铁的事实。那为什么大家觉得我说错了呢？其实大家一骂我就理解了，我们曾经做了那么多年的果粉，一直把苹果摆在神坛上面，突然有一天被告知它变成了人，心里会多难受！所以，我也想告诉大家：网络是个好东西，不过在网络上说话确实要三思而后行啊！

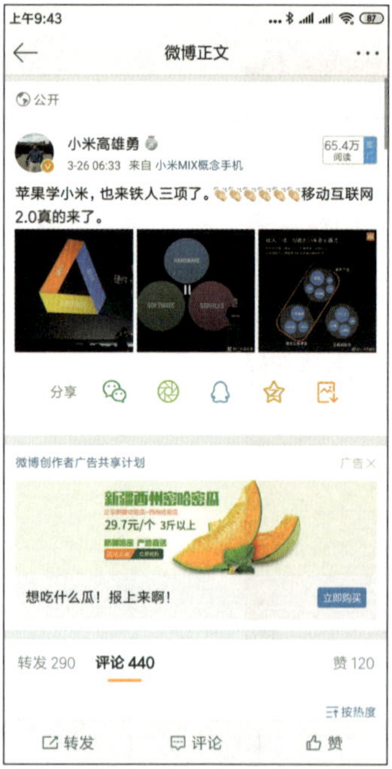

高雄勇微博截图

其实在一个行业的发展中，大家互相学习、互相借鉴不是丢人的事情，大家共同成长、共同进步嘛！我们再来仔细看看这次苹果发布会主要讲了什么。苹果的产品经理们在很认真地告诉你如何在手机上看新闻、看杂志体验更好，如何用手机看视频，如何用手机支付，当然是用苹果的支付软件。这一点我不得不感慨：这些东西在中国，好像已经不需要现场引导了。我们每天都在用手机看爱奇艺、腾讯视频，在用今日头条看新闻，在用微信、支付宝付账。中国用户已经不是手拿手机，而是手长在手机上了，我们几乎在用手机解决一切该它或不该它解决的问题。

在移动互联网应用领域，我们真的不用妄自菲薄，我们在很多领域都跑在世界前列。我们订外卖、租房、打车、买机票，哪一项不能在手机上完成呢？很多经常出国的人最大的感慨就是：在国外太不方便了，还要带现金和银行卡！

正是因为看到这些，苹果才召开这次发布会。从我个人的角度来说，我觉得这也许是苹果这几年转型的关键。既然手机同质化很严重，那么充分利用苹果 iOS（苹果公司的移动操作系统）的优势，利用苹果累积的几十亿用户，在互联网服务上发力，也许会有新的机会、新的增长点！

移动互联网 2.0 已经到来

上面的一些案例很有意思，无论是小米、拼多多、盒马鲜生，还是苹果，其实都是爆品的实际操作者，包括阿里、今日头条，它们也是爆品的推动者。虽然都是爆品逻辑，但随着移动互联网的推进，其策略和打法却不同。其实从互联网的角度来看，由于信息的快速变化和商业模式的快速更替，5 到 10 年就会出现一种新的形态。所以，我们不用感叹原来的公司成长太快，会压制后来的企业。互联网永远不缺少机会，而且机会越来越多。在经济环境变化莫测的 2019 年，互联网的新经济同样层出不穷，无论是 90 后陈安妮创立的快看漫画，还是快速崛起的瑞幸咖啡、喜茶，都给新经济带来欣欣向荣的景象。而且，这些新经济都呈现出一个主要特点：越来越务实，越来越接地气，离实业也越来越近。

所以很多人意识到，移动互联网背景下形成的 BAT“三座大山”的时代似乎已经接近尾声，而以美团、滴滴、小米、拼多多为代表的新一代互联网公司已经开始成为新的增长标杆。我们把这种与实体经济、与大家的日常生活紧密相关的互联网新模式的兴起称为移动互联网 2.0。它的发展将在更大层面上影响更多领域，比如产业互联网、智能家庭、人工智能、大数据、无人工厂等。一个时代过去，又一个时代已经来临。

移动互联网 1.0 出了什么问题

在讨论移动互联网 2.0 的时候，我们还是需要先梳理一下移动互联网 1.0 给我们带来了什么，尤其是需要了解移动互联网 1.0 在哪些方面出了问题。只有了解了这些，我们才能真正理解移动互联网 2.0 需要解决哪些问题。

我们先来看看移动互联网 1.0 出了什么问题。为了让大家更容易理解，我拿一个具体案例来说明吧。移动互联网给大家的生活带来的巨大变化之一就是电子商务，电商的异军突起导致很多行业发生了翻天覆地的变化。那么，我们看看电商的发展状况。

为了简化理解，我们把互联网通用的数学公式拿出来描述电商。这种公式虽然不是那么科学，但是可以清晰地反映这种商业模式中的重要环节。我们来看看电商的数学公式：

电商 = 流量 × 转化率 × 客单价 × 复购率

从公式中我们可以看到，影响电商的最主要的四个因素是：流量、转化率、客单价、复购率。我们来逐个解释每个词的意思。

流量：又叫客流量，也就是到店里看商品的用户数。流量是电商提出来的，也就是到店人数。从流量上来说，肯定是人越多越好！我们说的人气其实就是指“流量”。

转化率：指来店的人中有多少人最后买了商品，买商品的人越多，转化率越高，反之就越低。这个指标很关键，因为流量再高，没有转化率，也是“赔本赚吆喝”。所以，电商对转化率非常关注，对转化率的关注甚至超过了对流量的关注。

客单价：简单地说就是用户一次花了多少钱，用户在店里花的钱越多，客单价就越高。对商家来讲，客单价越高越好。当然对用户来说，客单价越高意味着掏钱越多。

复购率： 简单地说就是用户的重复购买率，用户买了商家东西，还会不会买第二次、第三次。不过对电商而言，复购率又多了一层含义，就是用户会不会将买的这件商品推荐给朋友，如果用户的朋友因为他们买了这件商品也来购买，也属于复购。当然，这个复购率统计起来稍微麻烦一些。

好吧，有了这些基本概念，我们来看看在移动互联网 1.0 时代，电商在哪个环节出了问题。我的结论是：每个环节都出了问题！

流量越来越少，流量越来越贵

我刚才说了，流量是互联网的基础。其实，今天线上线下都是流量生意，流量是电商的第一要素。那么我们看，今天中国整个移动互联网基本上已经发展到了天花板。据 CNNIC（中国互联网中心）统计：2018 年上半年新增手机网民 3 509 万人，较 2017 年年末增加 4.7%。从 2018 年开始，中国智能手机市场已经出现负增长，而且绝大多数购买用户都是换机用户。这也间接说明，用手机上网的新增用户已经很少了。接下来几年，这种增长速度会更加缓慢。从整个用户群来看，中国移动互联网的大池子里的水已经满了。没有外来的增长，流量增长自然进入停滞状态。

那么对于已经上网的用户，上网次数会不会增多呢？从 CNNIC 的调研数据来看，上网用户看新闻、看视频、购物等的增长率也都是个位数。也就是说，用户上网次数增加也不多。其实大家也发现一个现象，现在谈话的时候很多人总是抱怨手机把生活碎片化了，已经开始出现“远离手机，回归生活本身”的呼吁，父母对孩子使用手机的“管控”也越来越严格了。这是一个好现象，我们确实不应该把全部生活和快乐寄托在一部手机上。可是对于商家来说，实实在在看到的就是流量下降、流量变少。很多电商反馈，几年前只要把商品想办法放到淘宝首页或者类目首页，根本就不用担心流量。不过现在，即使把商品放到了首页，流量也少得惊人。一个促销活动原来动辄几万几十万浏览量，现在能有几千浏览量就不错了。

流量少了，获取流量的成本自然就高了。还记得当年地铁口、小区门口，扫码领汽水的活动让很多人去排队。而今天，这样的活动越来越少了。不是厂家不愿意搞，而是根本没人来扫。现在用户可不傻：一瓶汽水想让我扫码，门儿都没有！

那么，到底流量有多贵呢？我们有一个指标，叫作获客成本，其计算方法很简单，就是营销费用除以新的用户数。这个获客成本几年前是几元，做得好的甚至只需要几毛钱，而现在的获客成本已经非常惊人了。我们做了一个调研，如下图。

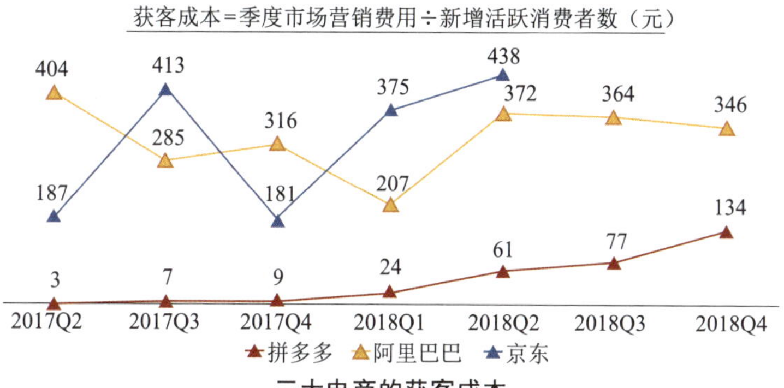

三大电商的获客成本

注 1：市场营销费用除以新增活跃买家来计算新客获客成本，京东 2018Q3、2018Q4 因活跃买家负增长所以未展现数据

注 2：市场营销费用为线上及线下营销费用、活动补贴费用、市场部门人员工资及期权以及销售人员提成

资料来源：GS Research

大家看看这个曲线：2018 年京东、天猫的获客成本已经在 400 元左右了，就连一向低成本、高效率获客的拼多多，其获客成本也在一路上涨；到 2019 年第二季度，拼多多的获客成本也达到了 150 元。

这些获客成本高得吓人。如果 400 元获取一个新用户，你需要在一个新用户上赢利 400 元以上才能实现收支平衡，这太难了！现在很多商家反馈广告做不起，客户太少，其根本原因就一条：获客成本太高了！

大家不要小看这个获客成本，我们可以简单地将互联网的竞争之一理解为获客成本：如果获客成本低，那么商家可以采用各种方式获客；反之，如果获客成本很高，商家很难采取措施获客。2019 年 5 月，拼多多宣布开启“百亿补贴，击穿底价”活动，其核心就是获客。为什么拼多多在竞争如此激烈的环境下还要砸 100 亿元做补贴？其背后的原因就在于它的获客成本还是远远低于京东和天猫。有了这个底气，拼多多希望借势抢夺更多的用户。

转化率越来越低，转化越来越难

前面的流量分析告诉我们，流量越来越少，也越来越贵，可是有了流量还不够，还要有转化，商家需要用户进行实实在在的消费，这样这个用户才有价值。用户来了没有转化，我们叫用户流失。商家花几百元吸引来的用户不消费，这钱就打水漂了。

那么，转化率如何计算呢？电商转化一般有两个步骤：第一步是用户看到这个商品，把商品放到购物车里；第二步是付款。将两个步骤的相关数据相乘，就是最终的购买转化率。

那么在实际操作中，各大电商的转化率如何呢？我们以天猫为例。五六年前，电商做生意相对简单，只要商品还不错，和店小二做好充分的沟通，让自己的商品尽量多露出，流量通常会不错。那么有了流量，一般会有多少人把商品加入购物车呢？做得好的能达到 5% 左右。如果是特别好的商品，促销力度又很大，这一比例有时能达到 10%。当然，不同商品单价不一样，转化率也不一样。一般来说，商品价格越低、促销力度越大，转化率越高。

用户把商品加入购物车，下一步就是付款。这步的转化率原来也很不错，一般会超过 60%，有的高达 80%。那么，整体转化率就约为 3%（5% × 60%=3%）。这是一个很惊人的数字，在天猫，转化率如果超过 1%，原则上说明商家已经经营得很好了。

那么现在，各电商的转化率如何呢？第一步把商品加入购物车的比例一般也就 1% ~ 5%，而商品进了购物车，用户付款率又大约是多少呢？ 40% 左右。两个数字一相乘（1% × 40%），才 0.4%。这已经是很不错的表现了。其实，现在很多用户的购物车里堆满了东西，可是就是不付款，商家看到就要到手的订单迟迟不付款，该有多着急？可用户却不着急，先放那儿，等等再说，或者等待更大力度的促销。针对这种现象，商家推出了一种专门针对购物车商品进行优惠的服务。也许大家经常收到一些消息，购物车里的某个商品又便宜了多少钱，商家利用这个方式来精准地刺激用户。从这个层面来看，商家为了提高转化率可谓挖空了心思。

不过从总体来看，转化率已经比原来下降了很多。为了保证转化率，厂商促销力度不断加大，各种电商节也层出不穷，原来只有双十一、6·18，现在几乎每天都有节日。商家越来越难做，好在用户得到了实惠。

客单价越来越低，越来越碎片化

上面提到有些商家的转化率越来越低，不过这样的商家还算是幸运的，因为毕竟有成交。那么，一次成交的价钱如何呢？原来用户上网买东西，商家为了提高客单价，需要凑到某个客单价起始点，比如 80 元、100 元，这样就可以免运费，否则用户需要多掏 10 ~ 15 元快递费。用户看到要多掏运费，就会尽量凑到那个基本价格。商家也很聪明，会准备一些客单价低的凑单商品。客单价高了，商家收入就增加了，顺便还带火了一批凑单商品。

但这样的好日子似乎越来越少了。因为拼多多来了、盒马鲜生也来了，它们最大的特点就是包邮，1 元的东西也包邮！那么其他电商平台，凭什么还要求用户付快递费啊！在这种竞争压力下，淘宝上越来越多的促销活动，最受用户欢迎的就是包邮！即使用户买个 5 元、10 元的商品，也不用担心邮费，也不用凑单，购买也变得简单了。于是，大量的小额订单就出现了。用户购买的随意性很强，1 元的东西也是一个订单。就像我在前面讲的，我买 20 个相框，1.6 元一个，因为包邮，我下了 20 个订单。20 个订单意味着什么？意味着商家的工作量是 1 个订单的 20 倍。现在，包邮模式已经延伸到外卖市场，我周围的同事大部分中午都是点外卖，那些免外送费的商家订单远远高于其他商家。包邮已经成为一种趋势，而这自然会促使订单碎片化。

这就是客单碎片化。客单碎片化是一种趋势，无法阻挡。商家需要做的是如何在这样的碎片化订单中提高效率，减少工作量。

复购率越来越低，流失率越来越高

虽然客单价的下降有坏处，但是如果好好加以利用也是一个机会。有数据显示，用低单价的商品帮助用户完成付费过程，降低获客成本，就是一个好机会。只要用户成为一个下单用户，商家期望的就是这位用户以后多买自家的商品，多推荐别人买自家的商品。尤其重要的是，给一个五星好评呗！

说到好评，很多人其实不是很理解，一个好评就那么重要吗？2018 年发生了一些恶性事件：一些微商因为用户的差评，跑到用户门口去闹事，有的还恶语相向。这个太不应该了！那么，为什么这些微商会为一个差评大动干戈呢？

这背后其实就是经济利益驱使。我们来简单算一笔账。一个差评，平均会赶走 10 个以上愿意购买商品的用户。我们前面算过，新获取一个用户的成本在 400 元左右，10 个用户就是 4 000 元。也就是说，一个差评，商家的损失至少是 4 000 元。如果客单价比较高，那商家损失的就不止 4 000 元，可能是上万元了。所以，商家很在乎这些差评。

在电子商务里，一个好评和一个差评，往往最终直接影响商品销量。作为用户，我们在买东西的时候，经常会去关注评论，一条差评往往会把用户直接赶走。而且商品的评价得分也会直接影响商品的排名，排名越高自然流量越多。我负责过电商销售，好评率是销售第一关心的重点内容。我们往往为了提高好评率想尽办法讨好用户，背后的艰辛和压力确实非常非常大。

好评率又直接影响复购率。从经济学角度来计算，提高 5% 的用户留存，就可以增加 25% ~ 95% 的利润。正是因为复购率如此重要，所以很多商家在复购率上投入重金，比如好评返现、好评有奖等，其目的只有一个：好的评论带来的就是销量，就是复购！所以，每次用滴滴打车下车的一瞬间，司机师傅都会热情地跟你说一句：您走好！如果方便的话请给我一个五星好评啊！看来，好评率从另外一个角度真正提高了整体服务质量，值得鼓励。

除了好评率之外，聪明的商家还会投入老客户返利计划、会员计划等，这是提高用户复购率很好的方式，有了高复购率，商家的生意才会越来越好。

下面这张图就是整个电子商务目前遇到的困难。

电子商务目前遇到的困难

电子商务增长放缓，移动互联网发展遇到瓶颈

上面提到电子商务遇到的困境，四个关键环节都不同程度地出现困难。就连高速发展的拼多多也开始遇到增长压力。我们看看近几年电商的整体增长情况，就知道电商有多难了。

有相关数据表明，电子商务的用户增长已经是个位数，甚至开始出现负增长。这对市盈率很高的电子商务来说，压力就更大了。销售总量增长缓慢，营销成本在增加，保证利润越来越难。大的电商平台还好，有足够的实力支撑，而一些曾经小而美的电商平台，比如主打女性商品的唯品会、主做精品电商的网易严选，都不再有往日的荣光，很多更小的电商网站就直接关门大吉或者被人收购了。到了 2019 年，几乎所有电商都开始勒紧裤腰带过日子。京东在将核心目标放到利润增长的同时，积极扩大下沉市场的机会；阿里在新零售方面快速布局，增长迅速；拼多多在扩张的同时也积极寻求其他类似 C to M 的商业模式。现在对电商而言，发展越来越难了。

移动互联网带来了哪些便利

我们上面总结了移动互联网发展遇到的困难，不过作为一种先进的生产力，移动互联网已经给整个社会带来了巨大的变化，包括一些基础设施的建设，这些基础设施是移动互联网发展的成果，也是移动互联网后续发展的基石。我们经常说，既然已经有了很好

的轮胎，就没必要再做一个相同的轮胎，只要好好利用它就好了。那么，移动互联网为什么能带来这些便利的条件呢？

对此，我总结了以下四点。

爆品思维：一款爆品走天下

爆品这个概念其实是电商发展的产物，或者说是电商放大了爆品的影响力。很多人可能不是很理解，认为电子商务主要是一个网页，一个产品的介绍也就是几张图片和一些技术参数、规格而已，理论上这些网页可以放无数产品。所以，大家以为网上产品越多越好。这是线上的最大优势。但事实上，和大家理解的正好相反，线下有场地，商家可以充分利用场地摆放各种产品，同时还有服务员来给用户介绍这些产品。可是线上呢？我们打开淘宝、京东的网页，一眼能看到的商品也就 3 ~ 4 个，要想看更多的商品，就需要翻到下一页。那么问题来了，至少 20% 以上的用户不愿意翻到第二页，翻到第三页、第四页的人就更少。电商有一个简单的规则，淘宝把它叫作“赛马机制”，简单说就是卖得好的商品排在前面，这样一来就会造成马太效应，卖得好的越来越好，卖得不好的越来越不好。为了加强这个效应，电商往往在商品页上标注已经有多少人购买，对用户来说，这是个重要的参考数据：很多人会随大流，一看已经有几千人、几万人在买，那跟着买肯定没错；如果一个商品只有几个用户购买，那么要买的用户一定会好好想想。这个机制导致电商虽然可以无限制地放各种产品在自己的网页上，但是真正能获取流量的商品并不多，往往流量都集中在头部商品上。所以，与其堆“机海”战术，还不如“单兵作战”，把一个产品做成爆品。

这样的案例比比皆是。当初，小米电视和天猫在双十一合作的时候，也就是小米电视第一次参加双十一时，只有一款电视机，而传统家电厂商都有 200 款左右的电视机，天猫家电负责人一直希望小米增加几款电视机，可是那时候小米一年就研发一款电视机，实在没有第二款。无奈之余，小米电视只能勉强参加。最后的销售结果出来，所有人大吃一惊：小米电视凭借一款产品竟然登顶了天猫双十一电视类产品销量第一名。这让所有做电视机的企业都觉得有些不可思议。这种效应还在持续发酵，2018 年双十一期间，小米电视扩展了几个主力型号：32 寸、40 寸、50 寸、55 寸、65 寸。最后的结果竟然是小米电视在全部尺寸段销量夺冠，总销量等于排在第二名到第五名的电视机的销量之和。除了电视，小米其他产品也出现同样的情况：2019 年 6・18 期间，小米米家空调刚推出不到一年，也就三款产品，竟然跻身京东空调销量第四名。这样的案例不胜枚举，小米的很多产品都是依靠一款产品取得了该品类市场份额第一名。这就是电商的魅力，它的规则和用户习惯，加速了爆品的爆发。

这是电商带来的一个巨大变化。电商讲究单打独斗，而传统线下店反而擅长打群架。当然，现在线下也是爆品当道。这种结果也提醒我们，做爆品反而会比做一堆产品有效率。我们原来做产品的时候，一个不成功再做一个，再不成功就再做一个，然后做成一个系列，甚至好几个系列。尤其是初创公司，一做产品就希望做出一个系列甚至面面俱到。如果一个商品都卖不好，怎么指望卖好一个系列或者好几个系列的商品呢？公司其实应该将有限的资源投入到一个产品上来，精心打造爆品，这样成功的可能性会更大一些。

电商平台：用户在哪儿，生意就在哪儿！

产品到底应该在哪里卖，通过什么渠道销售？逻辑很简单，用户在哪儿，就把产品铺到哪儿！商家一定不要妄想只要把产品做好，用户就会自己找过来。再好的酒也怕巷子深啊！何况在今天这个信息爆炸的时代，谁那么有耐心去穿过一个深的巷子寻找你呢？

那么，用户在哪儿？电商平台经过十多年的发展，已经形成了聚集效应，淘宝、京东、拼多多已经成为电商三大巨头，大部分用户会习惯性地去这些地方购买商品。所以，如果想要做生意，还是离不开它们。了解它们的规则、玩法，熟悉它们的各种套路，也许是最重要的。很多商家总觉得现在做个网站也不是多难，总想自己做个电商平台。目前来看，出现新电商平台的机会不大。就拿拼多多来说，当初也是借助微信的力量才形成现在的规模。既然它们已经形成规模，那么我们去这些地方开店，至少比自己建平台的成本要低很多，而且做得好的话用户也会多很多。

支付：用户只需要两种支付方式，其他支付很难有机会了

移动支付号称中国的“新四大发明”之一，这虽然有些夸张，却也是事实。今天，手机支付已经是绝大多数人选择的支付方式。这也吸引了很多公司想在移动支付上分一杯羹。我个人觉得这太难了，虽然这个蛋糕巨大，可是对用户来说，一个人拥有两种支付方式已经足够了，再多就是负担了。美国金融市场足够发达，这么多年信用卡市场也一直是两家独大：VISA（维萨）和 Master Card（万事达卡）。在现在的手机支付方式上，支付宝和微信支付对用户来说已经足够了，再多一种支付方式，估计用户忘记密码的可能性很大。我看到很多公司还在努力发展自己的支付方式，我个人觉得如果是为了自己的互联网金融，也许还有机会，但是做纯支付，机会已经很渺茫了。如果是中小企业，没必要在这方面多费时间，想办法接入支付宝和微信支付，给用户最好的体验，也许是最简单、最有效的办法。大家一定要了解，商品支付这一步是用户流失率最高的环节，所以支付一定要简单、简单、简单！对用户而言最简单的方式就是自己习惯的支付方式。

物流：高效的社会化物流，极大地缩短了地域的差异

让货物长腿，把它快速送到用户手里，这是用户最重要的体验之一，我们可以看到淘宝、京东上用户评论最多的就是送货

快不快、是否及时。拼多多自己没有物流，可是大量的商品都包邮，这背后的秘密是什么？其实就是中国高速发展的社会化物流！

什么叫社会化物流？社会化物流是和顺丰、京东快递这种公司化的物流不一样的，大部分都是由卡车司机组成的密布全国各种网络的物流。随着电商需求的快速增长，社会化物流也得到了快速成长，各种城市直通车已经实现从县城到各大城市的直通。由于需求旺盛，各种商品一卡车一卡车从一个城市直达另一个城市，然后大量的三轮车又把一车一车的货物分散成一小车一小车的，直接送到用户手中，这个高速的物流运转系统每天都在快速运转，效率极高。我曾经专门去北京的快递分拣场地调研，那里没有库房，只要有一片空地，就是一个集散地。大卡车把货物从北京大库房拉到空地，十几辆三轮车围在周边，卡车司机跳上卡车，念一下邮包最后的那个地址，把邮包往地上一丢，就有三轮车师傅把属于自己片区的邮包拿走放到车上。不到半个小时，一整车货物就被分散到了十几辆三轮车上，很快会被送到用户手中。

这种效率确实太可怕了！我们做过粗略计算，一个手机外壳，从东莞运到北京，运输成本大约可以低到 2 毛钱。这就可以解释为什么拼多多上商品那么便宜还可以包邮了。只要需求量足够大，商品是一卡车一卡车送到各大城市，然后分散到各三轮车上。均摊下来，每件商品的运输成本就低得让人惊讶。在这个过程中，我们还需要感谢快递小哥，他们没日没夜奔波在各条路上，为高效的快递提供了强有力的支撑。

有了这样的物流效率，商家需要做的就是想办法提升销售量。当销量足够大的时候，商家就可以高效分配资源、集中配送，从而大大降低物流成本。

本章要点

1. 在过去几年，以小米、拼多多、盒马鲜生、今日头条为代表的互联网新势力发展迅猛，新的商业模式成为常态。
2. 传统电商面临增长缓慢的烦恼，流量越来越少，转化越来越难，客单价越来越低，复购率越来越低。
3. 虽然移动互联网 1.0 遇到了问题，但是它在很多方面给移动互联网 2.0 打好了基础，其中包括爆品打造、电子商务平台、移动支付、极有效率的社会化物流等。

第2章

还原一个真实的小米

你所听到的小米，

未必是真正的小米。

小米的梦想：让人人都能享受科技带来的乐趣

现在很多人都用小米的产品，大家觉得小米的产品外观很漂亮，质量也不错，最重要的是价格也很便宜，有点儿像那些经常从国外“海外购”的产品。很多人去海外大包小包地买东西，或许不是因为有钱，而是因为那些东西性价比比较高。大家经常开玩笑说：我们有着世界上最廉价的劳动力，做着最辛苦的工作，买着最贵的商品。这也许是大多数人感觉生活压力很大的原因之一吧。

当然，我们去国外买东西，还会遇到一个问题，就是发现那些质量很好、价格很便宜的产品，大多数都标着 Made in China（中国制造），都是中国生产的。那么为什么明明国内能生产出好的产品，而在大家的印象中，中国制造却摆脱不了 low（低端）的标签呢？其实，这样的故事当年同样发生在日本、韩国。后来，日本、韩国的企业家发奋图强、狠抓质量、打造品牌，才有了日本、韩国商品的兴盛。到了今天，日本、韩国的产品不再是廉价的代名词，而是高科技的代表。那么，小米的梦想是什么呢？就是希望自己能像索尼之于日本，三星之于韩国一样，改变中国制造给全世界留下的印象，用质优价廉的产品改变人们的生活。所以小米不仅仅是一个手机公司，它要做的是小米生活，希望通过各种高性价比的产品来改变每个人的生活，让每个人都能享受科技带来的乐趣与便利。也正是有了这个梦想，小米不仅在认真做手机，也在发展生态链，做很多米粉喜欢的产品。

小米模式很难复制

有了梦想，那要怎么去实现呢？蛮干肯定是不行的。所以雷军创造性地提出了一个概念，叫“铁人三项”。这个铁人三项到底有多神奇，我们先来看一个事实：小米这几年做得风生水起，2018年也正式上市了，上市规模还不小。仔细看一下市场，大家会发现小米一直在孤独前行，好像没有什么竞争者，这倒是一个奇怪的现象。一般来说，只要有一种商业模式被证明成功了，类似的企业就会像雨后春笋一样发展起来，可为什么大家不“学”小米呢？

其实不是没人学，而是学的企业日子过得都不怎样。比如锤子手机，当初的模式应该很像小米，可经营却不见起色。魅族一开始做得很不错，后来看到小米快速成长，便借助阿里的入股快速推进，到现在明显后劲不足。当然还有一家公司总是被拿来和小米进行比较，它叫作乐视，其结果如何大家都心知肚明。

那么，为什么这么多学小米、借鉴小米模式的企业都不成功呢？其实道理很简单：一种商业模式看似很简单，但是未必适合自己的企业，尤其是很多时候，企业创始人未必真正了解小米这种商业模式背后的运营逻辑。很多人都觉得自己很了解小米，有很多研究小米的专家，网络上到处都有小米的各种案例或者分析，但是真正了解小米的人其实并不多。我们经常提到一个词，叫作“熟悉的陌生人”。我觉得用这个词来形容小米太合适了。你知道小米，但未必了解小米。

要了解小米的商业模式，必须先了解小米的爆品模式。小米爆品是小米商业模式的一个重要组成部分，也可以说是小米商业模式的产物。要了解小米的爆品模式，我们先来简单追溯一下小米的发展历史。

小米最早的产品很简单，就是手机。不过雷军反复提到一件事就是小米做的不是传统手机，而是互联网手机，还特别强调互联网手机铁人三项。

有人可能觉得雷军把手机叫互联网手机主要是为了营销。客观来说，将手机称为互联网手机，在中国手机行业开创一个新的品类，确实起到很好的营销效果。但是其真正的意义远不止这些，雷军还看透了互联网手机的本质，或者说雷军看到了很多人没有看到的东西。这就是一个优秀企业家的优秀品质。在雷军眼里，手机已经不是一个简单用来打电话的东西，互联网手机和传统手机很大的区别在于维度不一样了。简单来说，传统手机就是一个用来通话的工具，可是互联网手机不同，它的主要功能除了通话，还有上网。大家不要小看这一改变，这其实完全改变了手机行业。一旦手机上网变得越来越重要，人们对手机性能的要求就不一样了，比如软件系统、各种应用，都需要做出彻底的改变。当年 iPhone 刚出来的时候，很多用户抱怨打电话太麻烦了，诺基亚也嘲笑苹果手机不能叫手机。可是乔布斯非常清楚自己在干什么，他要做的不是一部只用来打电话的手机，而是一部能方便上网的手机。正因为这样，自然就要牺牲原来打电话功能的部分便捷性。到了今天，我们就能发现乔布斯是多么有预见性，因为我们今天的手机虽然还叫手机，但是上网已经变成它的第一功能。

就是这样一个小小的改变，上网从原来的 PC（个人电脑）端转移到手机端，然后移动互联网时代到来了。随之而来的就是一个互联网的大迁移，跑得快的成功了，跑得慢的就被淘汰了。

苹果手机的奥秘，到今天来看，真正看懂并坚决执行的人，就是雷军。雷军看到了这个机会，创立了小米，提出小米互联网手机铁人三项：硬件、软件、服务。硬件自然是指手机硬件；软件是指操作系统，小米叫 MIUI；服务是指各种应用，今天叫 App。把互联网手机三部分分开，移动互联网这三大产业链都有巨大的成长机会。

小米做手机最早做的产品其实不是手机硬件，而是一个叫米聊的即时通信软件，作为中国第一款基于手机端开发的即时通信软件，米聊一开始发展得很不错。很可惜，不久之后腾讯张小龙在广州推出了微信，开启了“摇一摇”狂跑模式，米聊被迅速超越。后来，小米推出了基于 Android（安卓）的 MIUI 系统，由于原生 Android 太过难用，良好的人机交互让 MIUI 系统成为极客们的首选。他们将自己基于 Android 的 HTC 手机、摩托罗拉手机等刷成 MIUI 系统，这也成为当时的一股风潮。2011 年，小米手机正式推出。凭借移动互联网的巨大风口，前期米聊、MIUI 系统积累的用户口碑，以及雷军的个人影响力，当然还有小米手机

1 999 元的价格优势，小米手机横空出世，成为中国移动互联网史上最重要的事件之一。小米获得了巨大的成功，一时间“雷布斯”成为各大创业者的偶像。雷军还不是一般的偶像，他坚持互联网的开放性，把自己成功的秘诀总结成互联网思维模式七字诀：极致、口碑、专注、快。

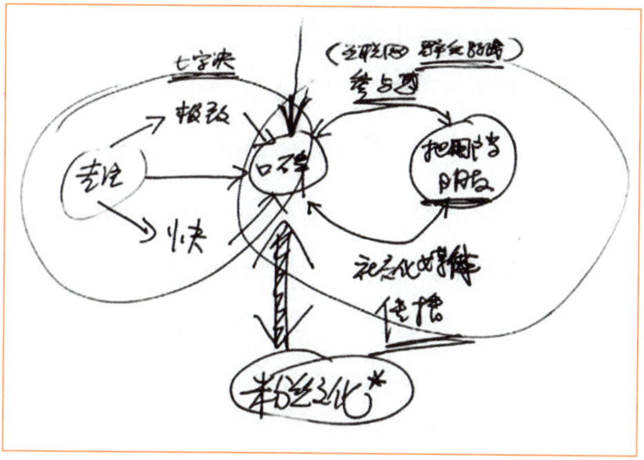

雷军的互联网思维模式七字诀

这个口诀我当年记得滚瓜烂熟，对我来说，这有点像金庸小说里面的武林秘籍。很多像我一样的年轻人都把这七个字当成“创业圣典”。

正当我们为找到“创业圣典”而潜心研究的时候，雷军又进行了一系列让人眼花缭乱的反常规操作，突然开始做路由器、小米盒子、耳机、充电宝、插线板……到了今天，似乎已经没有小米不涉足的家庭常用产品了。你不是告诉大家要专注吗？要极致吗？别人专注了、极致了，你却开始四面开花了？一时间质疑声大起："雷布斯"怎么开杂货铺了？小米开始膨胀了？

其实，我们只要静下心来想一想，就会知道大家都误会了雷军。雷军是什么人？金山的董事长，成功的天使投资人，当年卓越网的创始人，小米的大老板、大股东，身价早过百亿。所以，质疑小米做杂货铺、挣点小钱的人确实低看了雷军。

雷军为什么开始做这么多看似和小米不搭界的产品呢？核心还是要回到雷军创立小米的初心上。前面我提到，小米创立时的定位就不是一家手机公司，而是想做"小米生活"，小米手机只是小米公司的第一个突破点。从这个角度来说，其实小米一开始就有做其他产品、打造小米生活的计划。

第二个逻辑是小米一直坚持自己是一家互联网公司，而不只是一家手机公司。2018 年小米上市，雷军还和大家解释小米的商业模式不能按硬件公司模式来估值，因为小米是一家互联网公司，只不过对此大家还很难理解，媒体也很难理解。

为此，雷军再次发挥自己理工男的强项，将整个小米的商业模式再次用图形画出来，希望给公众一个清晰的解释。

这张图有些不清晰，根据雷军的设想，这是小米新铁人三项的商业模式，用雷军的话说就是"小米经过 5 年多的发展升维了"。雷军叫它"小米商业模式 2.0"。

小米为什么坚称自己是互联网公司呢？我们来简单解读一下小米商业模式 2.0。

首先，我们来看一下互联网公司最主要的特点是什么。这个很简单，就是用户数。互联网公司衡量公司大小的第一因素是用户数，今天我们说百度、阿里巴巴、腾讯很厉害，其原因就是它们的用户量很高：阿里巴巴的目标听说是 27 亿用户，腾讯依靠微信、游戏等圈了十几亿用户，用百度搜索的人也是以亿为单位来计算的。这也意味着作为一家互联网公司，如果没有 1 亿以上的用户，应该都不好意思出来宣传。当然，我这里不排除一些垂直电商、专业领域的互联网公司，虽然它们的用户数未必过亿，但是在其领域也是绝对的王者，也是很成功的互联网公司。我在这里主要探讨的是一些通用领域，而这些领域的用户基数是巨大的。

我们来看上面小米的商业模式，其核心就是用户。这张图用一句话描述就是围绕用户打造整个小米商业模式。小米坚持自己是一家互联网公司，就是想尽办法把用户量做大。2015 年雷军画这张图的时候，小米的月活跃用户大约为 1 亿。那么，从 1 亿成长到

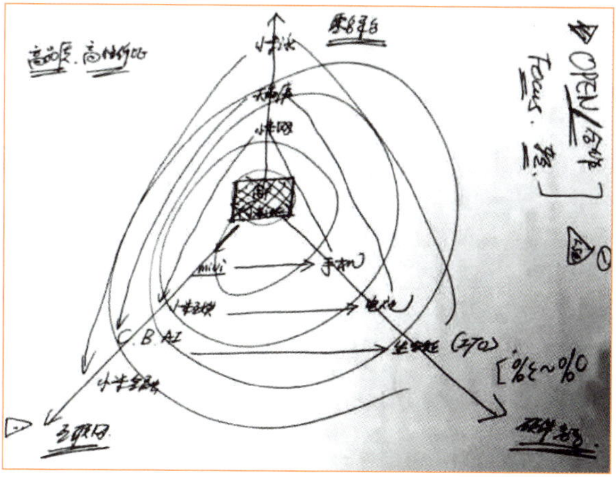

雷军手绘的小米模式 2.0

5 亿、10 亿，甚至 50 亿，就是一个巨大的成功。50 亿是雷军提出来的一个期望，或者说一个梦想。有人可能会质疑这个数字，但梦想还应该有吧，万一实现了呢？

我们回到 50 亿用户这个目标。50 亿确实是一个天文数字，地球上现在有 70 多亿人口，一个企业要是拥有 50 亿用户，那在全球就算不是第一，也是前几名了。那么，怎么实现这个梦想呢？如果只靠手机一项业务肯定是不行的。没有一家手机公司可以做到拥有 50 亿用户，三星不行，苹果不行，小米也不行。所以要达到这个目标，必须有新的策略。小米的策略就是卖手机周边产品和用户需要的产品，这不也是获得用户的一种方式吗？

小米商业模式 2.0 这张图，就是小米的发展轨迹图，也是小米不断拓展用户的增量图。

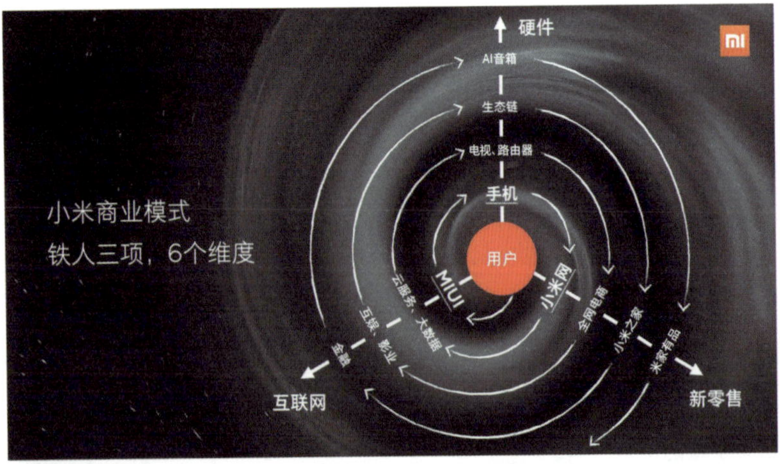

小米商业模式

我们来简单解读一下：小米从米聊及 MIUI 系统开始，就获得了百万用户，后来通过做手机，获得了上亿的用户。小米做盒子、做电视，是为了获取家庭用户，而路由器是用户上网的第一个入口。小米网是当年手机产品的副产品，但是迅速成长为中国第三大电商（现在已经被拼多多等超越），这也是一个巨大的电商用户入口。后来，小米开始做生态链产品，比如手环、充电宝、耳机、插线板，将很多不是小米手机、小米电视的用户也圈了进来，使用户群体迅速扩大。小米又通过和淘宝、京东合作，将那些用户群平台的用户转化成小米的用户。通过这样不断累积，小米的用户数快速增长。到 2019 年第一季度，小米 MIUI 月活跃用户为 2.61 亿，智能电视及小米盒子月活跃用户为 2 070 万，IoT 平台连接设备数高达 1.71 亿，小爱同学月活跃用户数超过 4 550 万。大家可以看到，这就是小米模式的魅力。它拥有多维度获取用户的能力，不仅获得了大量的手机用户，同时也成了迄今为止全球最大的 IoT 企业。

看了这张图，内行的人可能会提出疑问：小米确实获取了很多用户，可是小米产品很便宜，利润很薄，销量大又有什么用呢？没有利润啊！

这确实是一个好问题，我们知道企业要正常运转下去，光有用户是不行的，还必须有利润。有了用户却不能变现的商业模式不是好的商业模式。那么，小米挣钱的秘诀是什么呢？或者说小米怎么获取利润呢？

我来给大家揭秘小米赚钱的秘密。为了让大家容易理解，我们来做一道简单的算术题。大家不用担心，这道算术题一点都不复杂，有小学三年级的计算能力就够。

我们先来看第一个数字，就是月活跃用户，我们叫 MAU，也就是每个月有多少用户在使用我们的产品。我们以小米手机为例，小米 2019 年第一季度的季报显示小米 MIUI 的 MAU 是 2.61 亿，那么每天有多少用户在使用呢？小米没有公布，我们做一个简单的推测。由于手机用户活跃率很高，月活跃用户除以 2，那么 DAU（日活跃用户）就是 1.3 亿。这里我要特别说明，这个数字只是为了计算方便而做的一个推测，不是小米公司的真实数据。

第二个数字，就是每天每个人使用手机的次数。这个数字很有意思，不管用户打电话、用微信、看视频，还是购物，只要使用一次都计算在内。其实读者自己也可以估算一下自己一天使用多少次手机。说实话，手机在给大家带来方便的同时也带来了很多麻烦，很多人都有手机依赖症，一天到晚离不开手机。我们总说手机长在我们手里，其实是我们长在手机里了。有的用户说自己一天只用一次手机，因为一直在用！这样不太好！大家在用手机的同时还是要学会控制，否则我们的生活很容易被手机碎片化。我们今天不讨论这个，还是按照实际情况来推算。据统计，中国每个手机用户平均每天使用手机 150 次。这是一个非常惊人的数字，说明我们真的需要减少使用手机的次数了。

第三个数字，是广告单价，也就是说如果每次打开页面的时候都是一个广告，那么每次广告弹出的单价是多少。我相信大家对手机广告或多或少都有些意见，不过到今天为止，无论你打开哪个应用，不管你喜欢不喜欢，都有一个广告在那儿。那么，这种广告是怎么收费的呢？最普遍的就是 CPM，即每千次展示收费。一般来讲，开机广告比较贵，可以收到 30 ~ 50 元，当然每个应用差异很大，有的只能把 CPM 做到几元。我们这次算高一点，算 50 元吧，那么折算到每一次就是 5 分钱。在这里我也替互联网从业者说句公道话：我们经常花很多钱做一个软件，还有各种免费服务，现在只是占用用户很少的时间看一眼广告，也算是给我们劳动的一种回报吧，何况每次也就是可怜的几分钱、几厘钱，这些钱不是用户出，是广告主负担的。

好了，三个数字我们都计算出来了，下面我们把三个数字相乘。每天 1.3 亿用户，每个用户每天使用 150 次，每次广告费用为 5 分钱，把三个数字相乘：1.3 亿 ×150×0.05 = 9.75 亿，这个数字还不错吧？当然，我们别忘了是每天 9.75 亿，这个数字有点吓人了。

当然，我反复强调，这只是一个算术题。我希望通过这样一个算术题，来告诉大家如果用户足够多，是可以找到变现方式的，而且数字还很惊人。但这个数字肯定不是真实的。首先，厂商不敢在用户每次使用的时候都显现同一个广告，我估计这样做用户会把手机砸掉，另外也不是每条广告都能卖那么多钱，广告主也付不起啊！但是这个算术题的整个逻辑是合理的，即用户量越大，就越有机会变现，而且随着用户量的增加，利润也是惊人的。当然，我们不是只有开机广告这一种变现模式，手机里有很多应用，比如浏览器、应用商店、视频等，都是可以运营的，也都是可以获取收入的。

这些东西加在一起，收入还是很可观的。

其实，这一点小米从来没有刻意隐瞒，小米在 2018 年的年报中就说得很明白：小米 2018 年销售收入为 1 749 亿元，利润为 86 亿元。应该说，这个成绩非常不错。其中，我要特别提到小米 2018 年互联网变现收入是 160 亿元。这就是为什么小米硬件利润那么低，公司利润却很可观的原因了，因为小米有强大的互联网变现能力啊！

讲到这里，读者就应该完全明白小米的商业逻辑了。小米通过把硬件做好、利润做低来获取用户，然后获取互联网流量，最后进行互联网变现。从这个逻辑来看，小米卖硬件是为了获取用户，真正的利润来源于互联网变现，这才是小米商业模式的核心。

我们再来看看这个商业模式的巧妙之处。前面一章我们反复

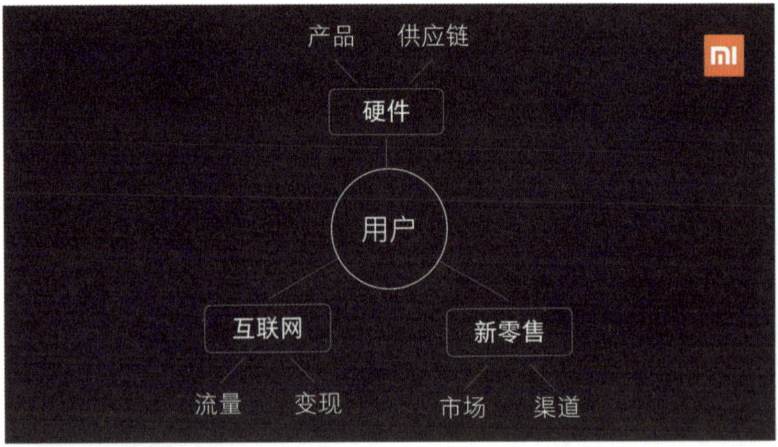

小米商业模式的核心

提到移动互联网的核心竞争就是获客成本的竞争，获客成本越低，企业就越有竞争力。随着移动互联网竞争的加剧，获客成本从最初的几元攀升到现在的几百元，还有继续攀升的趋势，而且最可怕的是用户对这种获客成本丝毫没有感知。那么，小米的商业模式是把这种获客成本补贴到硬件产品里去，由于硬件是用户看得见、摸得着的，产品价格也会明明白白显示给用户，再加上传统企业的利润来源于硬件本身的毛利，自然会将成本加到产品的价格中，而小米的获客模式，将卖产品这种行为视为一种成本，这就决定不仅产品本身可以不要利润，公司还可以进行部分补贴。这样一来，和传统产品相比小米产品的价格自然就低了很多，用户对这种价格差异会很敏锐地感知，因此竞争优势非常明显。这种多维度差异化竞争模式，让传统企业在价格方面彻底失去话语权，从而丢掉市场主动权。

我们再回到小米商业模式为什么那么难模仿这一问题，其实原因只有一个：小米的商业模式太苦了！这也是为什么雷军用“铁人三项”来形容小米的商业模式，因为三项都很难、很苦，还要求都做得很好！对一般的企业来说，这一模式太苦了。

我们来看看这种商业模式到底有多苦。我们还是以手机为例。在硬件方面，小米的竞争对手是谁？三星、苹果、华为、OPPO、vivo，这些都是世界级大公司，在该领域都是巨无霸，小米作为一个新军，稳居全球前五，甚至多次冲到前三，已经很不容易了。客观来说，今天电子产品行业竞争最激烈的一定是手机，我们形容手机就像海鲜一样，变化太快，发展太快，一步没跟上，就步步跟不上。在2015年、2016年的时候，小米在供应链上出了一点小问题，其中国市场占有率就直接从第一名跌到第五名。好在小米痛定思痛，及时补课，奇迹般从第五名又冲回到第三名，成为手机市场第一个跌倒又爬起来的品牌。我们看看现在手机行业的趋势，前五名已经占据80%以上的市场。也就是说，手机市场的头部效应已经非常明显，后面的企业几乎没有生存空间了。这也从另外一个角度说明手机行业竞争的残酷。

手机铁人三项的第二项是新零售。尽管新零售提出来才几年，可小米面对的竞争对手都不是泛泛之辈，中国的新零售市场几乎已经被腾讯系和阿里系瓜分了，小米能在这样的夹缝中分得一杯羹，实在太不容易了，毕竟小米和腾讯、阿里相比，实力相差还是太多了。好在小米利用自己独特的产品优势，建立起了强大的新零售平台，无论是线上的小米商城、小米有品，还是线下的小米之家，都取得了巨大的成功。同时，小米产品的良好口碑使它在淘宝、京东等平台上也有了自己的话语权，成为其他新零售平台重要的流量商品。京东6·18、天猫双十一，小米都是重要的参与者。可以说，小米在新零售赛道上也取得了非常耀眼的成绩。

小米铁人三项的最后一项就是互联网服务，这个领域的竞争更加激烈。首先BAT经营多年，已经建立起巨大的优势，现在又加上头条、美团、滴滴，这些都是估值百亿或千亿美元的公司，要在这个领域里占有一席之地，确实需要用特殊的办法。小米的优势就是把互联网服务内置在硬件产品中，从用户习惯上讲，换一个手机应用简单，换一个硬件相对来说成本较高。一部手机使用时长为 1 ~ 2 年，一台电视的使用时长为 5 ~ 10 年，这种硬件的黏性使小米具有了一个先天优势。同时，小米又是从米聊、MIUI 系统等各种服务开始起步的，在手机应用服务方面有很多独到的优势。尤其是极具特点的 MIUI 系统，其人机交互和用户体验是整个手机行业的标杆，拥有巨大的粉丝群。所以，小米服务至少在自己的用户群里还是有很好的口碑的，利用这种服务和口碑，小米就抢到了互联网服务的流量入口，从而得到了互联网变现的基础。

把上面铁人三项分析清楚，就可以看到这种商业模式太辛苦了。铁人三项，一项也不能落下。一旦某个赛道出现问题，就会连累其他赛道。而具备以上三个赛道基因的公司，在国内乃至在全球，都是凤毛麟角。这就是那么多公司想学习小米，最终都深陷泥潭的原因——这些公司没有同时具备这三项能力。学习的门槛太高了！

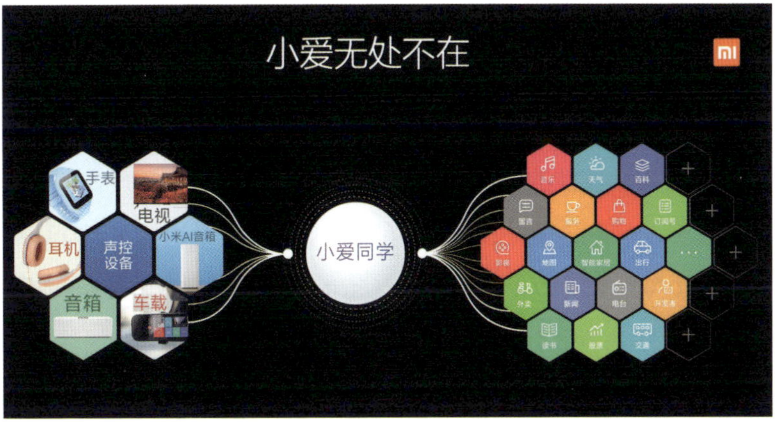

小爱同学的应用范围

小米的去 KPI 化和自媒体营销

小米在成立之后，在很多方面进行了创新，其中去 KPI（关键绩效指标）化应该是影响很大的一个创新。

很多人曾经问我：小米没有 KPI，怎么管理、怎么考核呢？应该说这其中有一个前提，就是小米刚成立的时候其实是有点乌托邦理想化的，一群有理想的人聚在一起，共同做点很有前景的事情。既然有共同的理想，大家为着理想往前冲就好。这个时候，其实有没有 KPI 不重要，因为大家心中都有一团火。

正是因为这团火，小米成长得很快，三年做到中国手机市场份额第一，应该说这个成绩远超出大家的预期。既然没有 KPI 都做得这么大，那么 KPI 自然而然对大家没有什么激励作用。尤其是当初小米几乎全员持股，大家的利益绑在一起，于是大家相信小米做大了，大家都会有收获。

那么后来，当小米做得很大、人越来越多的时候，为什么还是不实行 KPI 考核呢？这一方面是因为小米成长得太快，几乎是一路狂奔，没有时间进行系统化的企业管理，另一方面是因为整个市场变化太快，用硬性的 KPI 来管理，有时也许会适得其反。KPI 有它的优势——激励很清晰，但也有它的问题——很容易引起动作变形。员工拿到 KPI 以后，如果 KPI 定得过低，势必激励过度；如果 KPI 定得太高，员工就会想尽各种办法来完成 KPI，这容易使员工为达成目标而采用各种极端的方法，从而为后续发展带来不稳定因素。所以，小米一直没有实行很严格的 KPI 管理体制。

虽然没有 KPI，但每个部门每年都有自己的目标，每个阶段也有自己的目标。因为市场变化太快，所以这个 KPI 是可以相应变化的。小米的管理还有重要的一点，就是相信员工，只要员工都努力了，都认真讨论了，就算没有达成目标，也不是某个人的问题，而是高估了企业当时的能力。而且在小米内部，一旦形势发生变化，目标自然就会变化，这种变化保证了小米具有足够的灵活性和机动性。当初，我们制定做电视的目标时，一般会确定一个年度目标，大家都会努力达成。但是，由于有两年市场竞争环境太过恶劣，我们决定临时调整策略，以健康成长而不是恶性竞争为主。事后证明，当时的策略非常正确，让小米电视有了喘息之机，练好内功。当市场环境转好之后，小米电视又开始发力，成为智能电视市场的佼佼者。从这个角度来说，当初没有实行严格的 KPI 管理恰恰给了小米电视机会。

除了去 KPI 管理之外，小米还有一个地方让人津津乐道，那就是自媒体营销。

关于小米的自媒体营销，小米的联合创始人黎万强在他的那本《参与感》里讲得很详细了。虽然已经过去那么多年，但是小米的很多营销方式还是以自媒体营销为基础。

讨论之一就是自媒体到底是自己做好，还是外包好。我个人的观点还是坚持企业应该自己做自媒体。因为营销是企业对外最重要的事情，不是一件可以割裂的事情，只有自己人最了解自己需要什么。而且营销的第一责任人一般应该是企业 CEO（首席执行官），这也算是互联网企业与传统企业最大的不同。我们了解很多传统企业老板都躲在幕后，非常低调，这是一种管理模式。但是随着互联网时代的到来，尤其是更多年轻企业家的崛起，他们开始更多地冲到前面，无论是发布产品，还是在自媒体渠道，都通过各种方式营销自己公司的产品，同时也营销自己。从效果来说，用户对人的关注度似乎更高。所以，很多企业家像明星一样成为网红。企业家第一网红毫无疑问当属雷军。

雷军确实很重视自媒体，他的每一条微博、朋友圈、头条，都是自己发的。我们经常在开会的间隙看到雷军在一字一字地输入自己要发布的内容。雷军不仅自己经营自媒体，还号召小米的高管也经营自媒体。很多人觉得这个要求有点过分，其实不然，雷军有很深的思考在里面。小米是依靠米粉起家的，也是依靠用户参与获得口碑的。随着小米不断壮大，很多高管都陷入事务性工作中，与米粉打交道的机会越来越少。那么最方便、最有效的与用户打交道的渠道是什么呢？不就是自媒体吗！小米高管通过自媒体发声，获得市场声量；同时，下面成百上千的评价也是用户对小米的期盼，而这种互动也是一座非常好的与用户打交道的桥梁。虽然自媒体会招来很多“米黑”，但是只要抛开个人情绪，用户评价还是会给小米带来很多很好的意见，这也算是小米一直保持用户参与感的很好的方式吧。

本章要点

1. 小米商业模式的核心是获取用户，只有获得足够多的用户，小米模式才有生命力。
2. 小米商业模式的秘密是用质优价廉的硬件获客，用最有效率的渠道触达用户，用户开始使用产品，形成流量，小米想办法把流量变现，从而实现小米的商业价值。所以本质上，小米是一家互联网公司。
3. 小米的铁人三项模式难度很大，需要在硬件产品、新零售渠道、互联网服务方面都做得非常好。三项都强，才会有足够的竞争力。
4. 小米实行去 KPI 管理的原因是市场变化太快，不希望因为 KPI 导致员工动作变形；小米的自媒体营销本质则是时时保持用户的参与感。

第3章

爆品的内在逻辑

不是所有卖得好的
产品都叫爆品。

上一章讲到小米模式的复杂性和难度，复制小米模式成功的概率并不高。那么，小米的成功能给我们带来一些什么启示呢？或者说我们能从中学到什么呢？我个人觉得：小米模式很难复制，小米爆品可以复制！

说到爆品，大家现在看各种广告也好，电商网页也好，到处都在讲爆品。不过，对于到底什么样的产品才算是爆品，恐怕并没有一个统一的判断标准。卖得好的产品不一定就是爆品，它只是具备了爆品的一个条件而已。这里说新一代爆品，就是为了和原来大家理解的爆品进行区分，在传统观念里，大家都认为只要卖得好的商品都可以称为爆品，新一代爆品含义却更加丰富，有三个层面的意

新一代爆品三要素

义：流量、话题、销量。我们把这三项称为“爆品三要素”。只有同时具备了这三个要素，这个产品才能被称为爆品。从这个意义上来说，新一代爆品其实门槛挺高的。

自带流量

前面提到，流量是一切生意的本源，不管是线上还是线下。虽然说流量是电商提出的一个说法，但其实从自由交易发生开始，流量就产生了，而且一直是商家的首选。市中心人口聚集，十字路口人流较大，集市也好，夜市也罢，都是因为人多，才被称为“市”。很多商户、门店都愿意在人流多的地方扎堆，原因只有一个：有流量才有生意。房地产市场有句名言：房地产商的唯一法宝就是地段、地段、地段！其实，地段的背后就是流量，而电商把地段的概念虚拟化之后，打破了时间、地域的限制，流量被十倍、百倍地放大，一下子变得如此醒目。

既然流量如此重要，自然就成为商户争夺的核心，如何低成本获得流量成了商家竞争的撒手锏。而爆品就是低成本获取流量的法宝之一，因为爆品可以自带流量。

如何理解自带流量，我总结了一个方法，叫自带流量的“四自法则”：自然流量、自带热点、自主购买、自我传播。你的产品做到了以上四点，就已经具备了自带流量的特征。

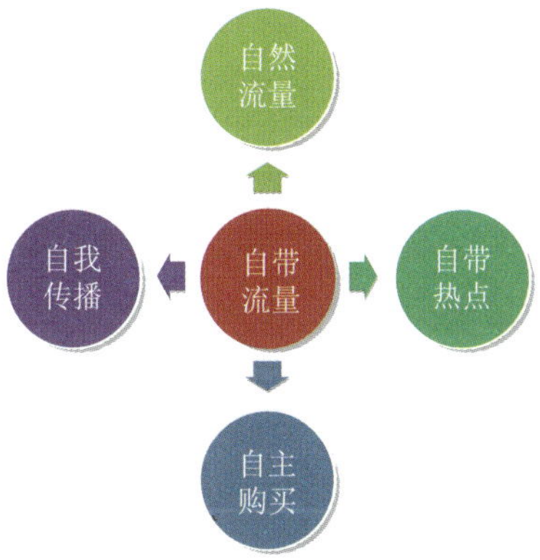

四自法则

自然流量

什么叫自然流量？自然流量就是用户自主寻找商品带来的流量。这种流量来源有两个。一个是搜索。比如，你想买某个商品，去某个网站搜索该商品，这种用户主动搜索的流量是非常宝贵的。在 PC 时代，因为搜索诞生了两家伟大的公司，一个是谷歌，一个是百度。到今天为止，这两家公司基于搜索每年获得的利润都是上百亿元甚至上千亿元。基于搜索还产生了一个叫搜索指数的产品，这个搜索指数的好坏基本上可以反映产品销量的高低，也就是一个公司销售的晴雨表。我们总是说最好的生意不是上门去推销，而是坐在家里等客人上门。在互联网时代，让客人上门最简单的方式就是让用户搜索。当然，今天除了百度指数，各电商平台都有自己的搜索指数，一家公司在天猫、京东、拼多多的搜索排名，基本上可以确定它在该平台的竞争力排名。随着移动互联网的普及，搜索排名就不限于百度指数了，头条指数、微信指数变得更加重要。尤其是头条指数，因为它的总体流量已经超过百度，而且其推荐算法使流量更加精准，也更加客观。

那微信指数呢？这个指数当然重要。使用互联网的人群大部分时间都在微信世界里，每天有接近十亿人在使用微信。朋友圈里、大大小小的微信群里，每天都在讨论着产品、用户等话题，这个流量是相当可观的。当初的拼多多就是凭借微信巨大的流量崛起的。为了让用户使用方便，微信贴心地给大家开发了公众号、服务号、小程序等应用，就是让大家在浩瀚的流量里去发挥自己的能力，获取属于自己的流量。

当然，自然流量不一定是免费流量，它也需要经营，想要自己的商品具有足够大的自然流量，就需要针对自己的目标用户做营销，让他们主动搜索你的商品，产生自然流量，这也是提高流量很有效的方法之一。

提高自然流量的第二个办法当然是扩大品牌的影响力，品牌影响力是流量的基础。在今天这个信息爆炸的年代，出现了“选择恐惧症”，太多的选择对用户来说其实意味着选择成本越来越高，用户其实是趋利而行的，成本越低用户越喜欢。有名的席克定律说的就是这件事情：用户的选择成本随着时间的增加而呈曲线增长。

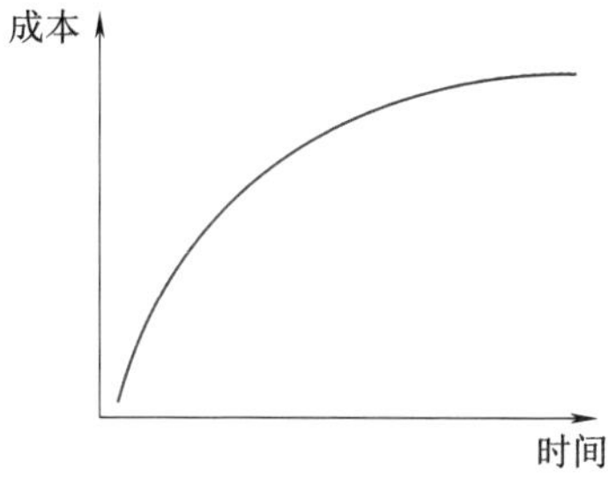

席克定律示意图

降低这种成本最有效的方法就是打造品牌。品牌的本质是什么？是信任！一旦你信任了某个商品，就会对该商品的品牌产生信任，从而产生依赖。品牌的概念客观上帮助用户节省了做决策的时间。所以“选择恐惧症”背后其实是用户的“品牌饥渴症”。通过合适的营销手段，在品牌的塑造与营销上下功夫，是获取自然流量的另一个法宝。用户会因为对某个品牌的信任而主动关注这个品牌的商品。

正是基于这两个特点，一个爆品需要在搜索引擎、电商平台、社交平台、媒体平台上具备足够的自然流量，同时最好是某个好的品牌旗下的商品，这样才具备爆品的潜质。

自带热点

我们经常发现一些商品有这样的特点，商品摆在哪儿用户就追到哪儿！商品具有这个属性就可以说自带热点。如果某个商品具备了这个属性，那是企业最大的幸运。这样的企业其实不少。苹果每次发布的新品，不仅带火了苹果店，也带火了黄牛党。小米也具备这种“自带热点”的特性，米粉也好、黄牛党也好，一听说小米要发布新品，提前几天就已经做好了各种抢购的准备，米粉是为了第一时间拿到“热乎乎新鲜出炉的产品”，黄牛则是为了牟取高额利润。以前小米在自己的小米商城卖东西的时候，每周二上午十点大家就在紧张地等待。现在，小米开始做线下门店，大家就开始在实体店的门口排队。小米之家在各地开业，经常成为当地的热点事件之一。我清晰地记得当初小米之家在国贸开业的那天，有几个米粉在国贸店外喜极而泣：我家门口终于有小米之家了！

大家不要觉得小米只在中国那么火爆，在印度其实更加火爆，甚至在西班牙、法国也一样火爆。当初小米之家在巴黎开业那天，突然下起了暴雨，我们可爱的法国米粉们，竟然在大雨中排队

米粉在实体店等待

小米之家在印度

等了两个小时。这种热情的背后，是用户对小米产品的期待。

产品有了这种热度，就有了成为爆品的可能。现在不仅是小米，喜茶也已经成为这种模式的典型代表。很多用户去买喜茶，更多是为了去“打卡”，去分享一张买喜茶时排队场面的照片，这也算是一种热度吧。

当初盒马鲜生在开业的时候，同样选择了足够热度的爆品：帝王蟹！这可是海鲜中的极品，很多人去盒马鲜生，就是奔着看看“帝王蟹”长什么样的。到今天，海鲜仍然是盒马鲜生最带热点的产品。《阿里巴巴 2019“十一”黄金周消费数据报告》显示，2019 年 10 月 1 日至 3 日，盒马鲜生阳澄湖大闸蟹共卖出 40 000 只，帝王蟹销量同比上涨 3 000%。

盒马鲜生会员店

以同样的方式，2019 年在上海开业的 Costco（开市客），也是采用爆品来制造热点。这次它选择的是茅台酒，开业前三天每天平价限量供应茅台酒，导致很多用户哄抢，从而形成开业的热点话题。

自主购买

真正好的商品，是不需要推销的，用户一看到它就会动心，就想拥有它。小米之家在筹备的时候，就有一条规定：不允许向用户推销产品。我们提倡用户自主选择，就是让用户自己去体验、自己做决定。你觉得喜欢，那么就买，我们把这叫作静默营销。这是和一般实体店最大的不同。这其中最大的逻辑就是我们希望用产品去打动用户，而不是用言语去忽悠用户。前面我们提到转化率的问题，好的转化率不是每次促销活动的转化率，而是日销，也就是每天正常的销售量。只有日销卖得好的产品，搞活动才容易达到理想效果。那些处理库存货的活动一般效果都不如预期，原因很简单：用户其实很聪明！

用户在决定是否购买商品的时候，有很多因素在影响着他们，自主决策是其中重要的因素之一。他们购买某个商品也许是因为信任某个品牌，也许是喜欢某个商品的外观，也许是被产品某个功能打动了，也许仅仅就是一时的冲动。所以真正的爆品一定不是靠“话术”卖出去的，而是用户自主选择购买产生的。

2019 年米粉节，小米有品做了一件很有意思的事情——“盲买”计划，就是告诉用户有这个商品，暂时不透露价格，如果相信小米品牌就先付定金下单。就是这样一个商品，得到了几万人的围观，产生了上万个实际订单。到了最后一天，我们才告知用户商品最终的价格，最终没有一个人退单。这是一个很有意思的尝试，就是测试用户对小米的信任度，用户选择相信小米不会骗自己。一旦有了这种信任，只要小米品牌有这个产品，用户就不会再去比价，甚至也不会去等什么促销活动，他们只会看是不是自己需要的，需要就下单，就会购买。我们经常说信任是无价的，这个案例就是很好的证明。

那么，这种信誉度是怎么建立起来的？其实就是用户通过购买产品产生的信任，是一家企业用产品打动了用户，用户就会用订单回报这家企业。用户用订单、用购买行为来为产品投票。投票的人多了，就很容易产生聚集效应，就为产品“打爆”提供了条件。

小米有品“盲买”计划截图

自我传播

现在的社会是一个自媒体极其发达的社会，人人都是自媒体人，每个人的朋友圈、微博、微信群、社群都是最好的传播媒介。今天的流量不是变少了，而是分散了。正是这种传播的便利性，把每个人的“炫耀”、“显摆”、自我表现都极大地放大了。冯仑说朋友圈其实是给大家提供了一个“吹牛的场地”，我个人觉得微信其实是一个人消除寂寞的工具，每个人都有吐槽的需求，也有吐槽的权利，正好朋友圈给了大家这个便利。

那么对于用户来说，最喜欢炫耀什么呢？炫耀自己聪明啊，有钱啊，幸福啊！很多时候用户买东西，其实就是一种社交需要。如果用户今天买了一件好东西，不炫耀一下会“憋死”自己的。大家需要炫耀自己很聪明，买了一件好东西。而小米的产品呢？恰恰给了用户炫耀的资本。前面讲小米产品的逻辑：把产品做得品质很高，虽然亏点钱，但需求量很大，而“亏点钱”对用户来说就是占了便宜。一个用户占了便宜，不拿出来炫耀一下，那不是白占便宜了吗？其实，这种炫耀还有表示自己很聪明的意思。

当然，仅仅炫耀便宜不够高大上，还要有点儿品位，否则会被别人嘲笑钻到钱眼儿里了。我们在设计产品的时候，往往会把一些炫耀点“设计”进去。我承认，这是有一定套路的，不过有些好玩的套路，能给产品带来关注点，给用户带来“愉悦感”，这不是一举多得吗？

那么问题来了，为什么有些产品大家特别喜欢炫耀，而有的产品大家喜欢却不炫耀呢？其实这背后有一个深层的原因：文案没有写到位。简单地说就是用户觉得产品很好，本来想炫耀一下，可是不知道该说什么、怎么说，于是就放弃了。很多人都是因为写不好文案而放弃发朋友圈的。

那么，一家企业应该怎么做呢？聪明的做法就是在策划产品的时候就把文案用隐蔽的方式融进去，用户一用它就能感觉出来，并产生共鸣。

小米 2019 年发布了一款壁画电视，它的特点其实非常简单，就是可以贴着墙挂起来，挂上墙后的效果像一幅画。不过这种感受很难让用户感知到，而让用户去“晒”安装后的结果就更难了。那么，如何刺激用户去“晒”这款产品呢？在设计产品的时候我们就想：既然这款电视的核心卖点是壁画，那么是不是可以把一些名画设计进去，作为电视的壁纸，这样很适合壁画电视的风

小米壁画电视宣传海报

格，也使用户家里一下显得很高大上。于是，我们在电视系统中内置了几百幅高清的世界名画。壁画电视开售后，很多用户首先就被这些世界名画吸引了，大家都在惊叹：没想到几千元买一台电视机，送了几百幅价值连城的世界名画，这可赚大了！于是，用户纷纷拍照发到朋友圈里，形成了一轮非常好的传播。

还有一个更有意思的案例，就是小米的小爱智能音箱。当时小爱智能音箱上市的时候，虽然已经有一些同类产品在市面上销售，但是对用户来说，智能音箱还是一个新品类、一个新鲜事物，需要一个引爆点来让大家对这个产品有一定的认知。我们在内测的时候，大家对小爱同学的声音产生了浓厚的兴趣，也就此引发出了很多的话题。智能音箱最大的特点就是能和用户对话，声音成了

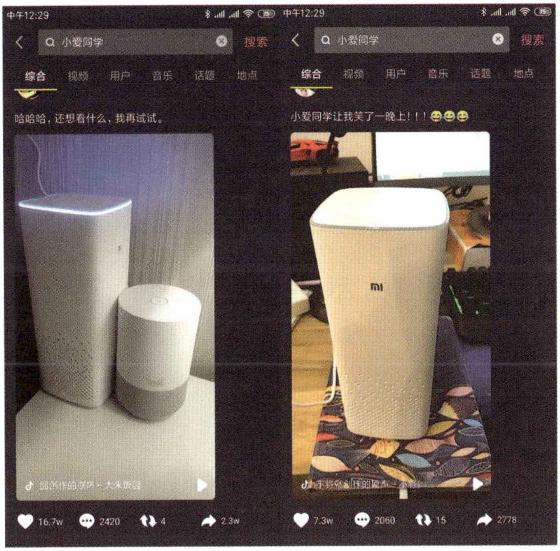

用户在短视频平台晒小爱智能音箱

大家对这个音箱的第一感知。于是我们花了很长时间，做了各种配音，最后找到了一个非常美的适合小爱同学的声音。最后的结果是几乎所有的用户一下就被这个声音迷住了：小爱同学的声音太好听了！很多单身男士更是直接把小爱同学当自己的女朋友了。那么，怎么炫耀自己的“女朋友”呢？外观已经不是第一特点了，网友们脑洞大开，拍了各种对话的短视频，发布在抖音、快手等短视频平台上。由于声音有趣，很快吸引了大量用户点赞或者围观，好多短视频转发量、点赞量都达到了几万甚至几十万。我周边很多朋友都是因为在抖音上看到这个产品有趣才买的。买后又不自觉地发一个朋友圈，这就形成了一轮自我传播，从而使小爱智能音箱这个爆品横空出世。

热点话题：好产品自己会说话

我们总是说好产品自己会说话，其实不是产品自己能说话，而是在设计产品的时候，需要把想说的话通过产品表达出来。要想产品自己说话，有一个方法就是产品本身就带有话题性，或者说产品本身具有很强的话题性。好产品要说话必须具备三个特征：热点、病毒、裂变。

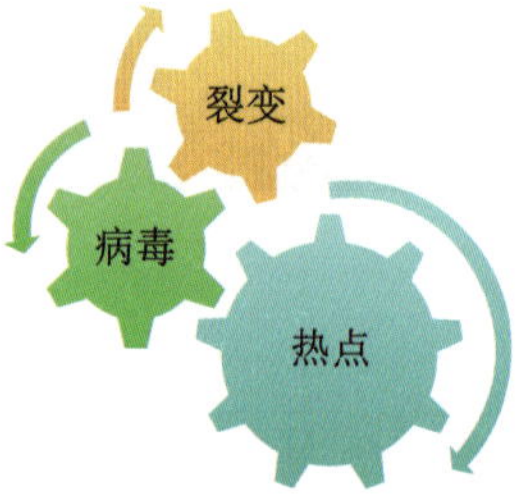

会说话的好产品必备的三个特征

产品本身就是热点

话题的第一个特征就是产品自带热点，或者说这个产品来源于我们生活中的某个热点话题。生活中的热点话题无处不在，把自己的产品与某个话题对应，就会成为热点。举个简单的例子：夏天来的时候，被蚊子叮是一个热点话题。你在网上或在朋友圈中经常可以看到这样的抱怨："昨晚又跟蚊子战斗了一夜""我的身上全是蚊子亲吻后留下的印记”……

对于夏天灭蚊这件事情，我个人有亲身体会，小时候用蚊香，一卷一卷的，经常半夜就烧完了，于是后半夜蚊子还会来骚扰，身上总被叮好几个包。现在有了电蚊香，可是这个电蚊香设计得实在有些背离人性：我到今天还分不清那个蚊香片的正反面；还有就是经常忘了换蚊香片，早上起床后也总是忘了拔电源。那么有没有傻瓜式的灭蚊器呢？小米在 2018 年推出一款灭蚊器，设计很人性化：一是不用经常更换蚊香片，一片可以坚持用 90 天；二是它有一个定时功能，可以设定 10 小时，这样用户就不用每天惦记着开关；三是这个灭蚊器用的是干电池，不用插电，你想放在哪里就放哪里，哪怕放在阳台上都可以。这样就彻底解决了被蚊子叮这件事情。这款产品对那些很招蚊子的用户来说，简直是大救星。有

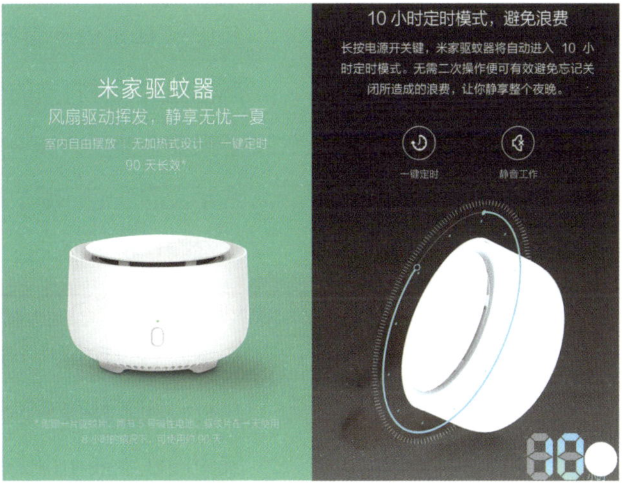

小米灭蚊器

很多用户买了一个以后还会买第二个、第三个，也会买来送朋友。于是我们2019年干脆推出三个套装，三个套装卖得极其火爆。原因就是大家夏天一说被蚊子困扰的时候，就有人安利这个灭蚊器，用户用过以后确实好，于是又和其他朋友说，很快这个产品就传播开了，形成了较好的口碑。所以这个产品之所以会说话，就是因为抓住了“灭蚊”这个热点话题。

以季节性话题做产品是一个办法，很多企业也都在用，比如我们农历的各种节日，总是能和一些产品挂钩。另外一个很容易引起话题的内容就是与孩子有关的东西，比如培养孩子勤洗手的习惯就是一个让很多家长挠头的话题。一到吃饭的时候，孩子都会急着想上桌，一般都会被父母吼一声：“去洗手！”没几个孩子喜欢洗手！即使去洗也只是应付几下。小米在2018年推出了一款叫自动洗手机的产品，特别受欢迎，尤其是一些为人父母的用户，都在朋友圈炫耀：我再也不用担心孩子洗手的事情了。这个产品好在哪儿呢？其实它就是利用孩子喜欢玩泡泡的天性打造的一款产品，孩子只要一伸手，洗手机就吐出一堆洗手液的泡泡，哪个孩子不喜欢玩泡泡啊！孩子们玩过之后再把泡泡洗干净，玩也玩了，手也洗干净了，一举两得。我有几个朋友说：他现在担心的不是孩子不爱洗手，而是家里的洗手液用得太快了！孩子没

小米自动洗手机

小米跑步机

事就去玩泡泡。

除了孩子之外，健身也是一个热门话题，现在很多都市白领喜欢去健身房健身，也有很多人因为工作忙，喜欢在家里跑跑步、健健身。可是健身是一件需要毅力的事情，很多人一开始心血来潮，想要健身就买一台跑步机，结果不久就发现跑步机成了晾衣架。跑步机很占地方，又很重，没有地方放，最后成为很多人的烦恼。有没有一款既能健身，又不占地方的跑步机呢？小米和生态链企业经过不懈努力，完全改变了原有跑步机的笨重模样，推出了一台简洁漂亮又可以折叠的跑步机。这款跑步机一上市，很多喜欢健身的朋友都大呼喜欢，不仅马上购买，还在朋友圈里不停地晒自己的健身记录。上次见到京东负责运动器材的朋友，他还赞叹说这款跑步机卖得特别好，他自己也买了一台。

有病毒的话题才容易传播

刚才讲的话题来自生活，容易引起用户的共鸣，而这种共鸣，我们就叫作病毒。在设计产品的时候，要聪明地把这些病毒植入产品中去，这样可以影响用户对产品的认知。病毒性强不强，直接影响话题的传播力。

小米曾经出过一个十分具有病毒性的产品，叫自动打包垃圾桶。你基本上看不到有关这个产品的任何宣传，而它的销量却非常好。当初在小米有品众筹的时候，参与众筹的人数超过了 5 万人，后期销售也一直很火爆。我还经常看到拼多多拿这个垃圾桶做引流广告。这个产品为什么不打广告就卖得这么好？就因为它的病毒性很强。我们先来看看这个产品的“魔性”在哪里。

垃圾桶是一个很容易被大家忽略又离不开的产品，你每天都要和它打交道。不过仔细一想，你会发现家里、办公室、公共场所还真的缺少好用的垃圾桶。你可能会问：什么才是好的垃圾桶？首先，垃圾桶需不需要盖儿是一个问题，没有盖儿垃圾桶会散发臭味，而且也影响美观；有盖儿的垃圾桶在扔垃圾的时候就很不方便，很多时候，大家需要手脚并用去“踩”开那个盖儿。这个问题其实很好解决：加一个红外感应就好！现在几乎所有公共场所的水龙头都是自动水龙头，你一伸手水就会流出来，一收手水就会自动关掉。同样的原理，加一个红外感应，用户要扔垃圾的时候只要靠近垃圾桶，盖子就自动打开，扔完后远离垃圾桶，它就会自动关闭。这个操作看似简单，却让大家觉得方便了很多。

解决了盖儿的问题，用户还有一个问题：收拾垃圾袋。垃圾桶中的垃圾袋装满了垃圾，要把它扎起来扔出去，这可不是一个受欢迎的活儿，垃圾一般都很臭很脏，谁也不愿意去收拾。不过没办法，垃圾桶总是需要有人收拾，于是很多用户只好屏住呼吸，小心翼翼地去把装满垃圾的袋扎起来，在这个过程中，如果垃圾袋质量不好，一不小心还很容易把袋子弄破，把垃圾弄得满地都是，真是委屈自己啊！我们在设计这个产品的时候就想：为什么要让人来打包而不是机器自己打包呢？于是在垃圾桶正面设计了一个“一键打包”的按键，用户只要按一下这个键，垃圾桶就自动给垃圾袋封好口，打开盖儿。你看到的就是一个封好口的垃圾包。用户只要拿着打包好的垃圾袋扔到小区的大垃圾桶中就好。这一下可解决了很多人的烦恼。

但小米垃圾桶只是这样吗？错！我们发现给垃圾桶套垃圾袋也是一个技术活，没有经验的人还真不会套垃圾袋，这个垃圾桶顺便把这个问题也解决了。用户只要把已经打好包的垃圾袋拿走，它就会自动盖上盖儿，然后垃圾桶下面的一个抽风机会抽出一个垃圾袋，平平整整地把它铺好，用户根本不需要自己动手来操作。

小米垃圾桶

就是这样一个普通的日常产品，带上这些“暖心”的设计，丢垃圾、扔垃圾再也不是一件烦心事了，大家会觉得生活品质立马提高了很多。那么这款产品的病毒性体现在哪儿呢？其实就是一个“懒”字。它把扔垃圾这样一件比较糟心的事情变成一件很方便的事情，它把用户该干的活全都抢着干了，用户变懒了，也变舒服了，自然而然就会被它征服，再也回不到过去没有它的时候了。我自身就有这种体验：现在在外面丢垃圾，垃圾桶要是不会自己翻盖，我就觉得有问题。这就是“病入膏肓”：用户只要选择了这款产品就再也无法割舍了。

好吧，这样的产品很酷，病毒性很强，不过确实需要一些技术含量。那么，一些普通的产品是不是也可以产生病毒性话题呢？答案是肯定的。小米 T 恤就是这样一款产品。

小米 T 恤

一般来说，T 恤是一件毫无技术含量的商品，满大街都是。那么，如何找到这类产品的病毒性话题呢？方法很简单，当时团队突然想起一个特别有话题性的词：臭男人！这个词太有话题性了。这是许多女人惯用的口头语，试问哪个女生没骂过男生臭男人？但很多男人都觉得很冤，凭什么我是臭男人啊？其实这个词之于他们一点都不冤，因为很多男人喜欢运动，容易出汗，汗水流到衣服上，很容易滋生细菌，从而让衣服变得很难闻。虽说这是细菌的错，不过男人却必须背这个锅，尤其是那些大学男生，这还真是个问题。我记得自己上大学的时候，很多男生的脸盆里永远泡着一堆脏衣服，一周洗一次算好的，有时候半个月，甚至一个月洗一次，那些衣服放久了，更容易发臭。那么，怎么办呢？小米在 T 恤里加入银离子抗菌材料，其主要作用就是抑制细菌的产生，这样即使衣服被汗水打湿了，也不容易变臭，这就解决了大问题，很多人也终于可以把脏衣服攒起来，等有时间再一起洗，对于大学男生来说，宿舍里味道也会有所改善。这个时候哪个女生再说臭男人的时候，大家可以得意地告诉她：我穿的是小米 T 恤，不再是臭男人！

大家看看，我们从用户痛点出发，找到容易传播的病毒话题，很容易说服用户购买自己的产品，而且这种病毒性话题很容易传播。有了传播，又有好的品质和用户体验，自然销量不差。据了解，很多大学生买这件 T 恤都是十件十件地买！

加入裂变因子让话题裂变

有了病毒话题，还需要适当地加入裂变因子，让广大用户参与进来，形成快速的裂变效应。自从有了互联网，就产生了一个叫作“恶搞”的东西。恶搞有时会带来很多负面效应，不过利用得好，也有可能产生意想不到的传播效果。

当初我们在做小米电视 3 的时候，把电视做得很薄，外观看起来非常漂亮。不过这也带来了一个问题——声音，从物理层面来看，喇叭越大，音效越好。把电视做薄了，喇叭就没有地方放了。为了不降低声音的品质，我们就把喇叭独立出来，将这款产品做成了分体电视。

电视发布前一天彩排，雷总讲完 PPT（幻灯片）后，我们请雷总拍了几张照片，用于发布会后的传播。雷总拍了很多照片，有手指捏着电视屏幕表达电视有多薄的，还有雷总站在电视旁边表达电视画面有多清晰的。后来，我们让雷总抱起那个分体音箱拍照的时候，大家都笑了。于是我们临时决定把这张图作为发布会的主宣传图，原因很简单：大家当时发自内心地笑了。就是下面这张图。

发布会后不到几个小时，整个网络就炸了，网民们充分发挥了自己的聪明才智，恶搞出无数好玩的图片。

雷军手持小米电视音箱的照片

mi
小米电视主机
内置独立音响的智能电视主机
电视 显示器 投影仪秒变旗舰智能电视
¥999
mi
小米M4C自动步枪
国际通用小口径 稳定性大幅超越AK47
全复合材料 仅重1.1kg
射击数据自动同步到小米射击APP 方便枪械管理
¥999
mi
小米加步枪
挡在我们前进道路上的敌人，
我们要一个一个干掉！
mi
小米狙击步枪
内置GPS火控系统 大容量弹夹（需另配）
瞄准镜 枪架 消音器一应具全
¥999
mi
小米智能吉他
年轻人的第一把吉他
让每一位人都能享受当歌王的乐趣
¥99

网民恶搞图

从图中大家看出，这个很有意思。网民的参与使这件事成了一场全民狂欢，自然有了很好的传播效果。之所以有这种效果，最重要的就是最初那张图片有恶搞的裂变因子在里面。

其实，小米最有名的裂变传播是雷军的那首《你好吗》（*Are You Ok*）。那件事是一个偶然事件，不过后面的传播是一个必然。当雷总在印度发布会上秀了一下“湖北仙桃英语”的时候，网民们那种恶搞的积极性被极大地调动起来，而在后面推波助澜的其实还是小米公司，小米不是按照传统企业的公关模式，发现公司领导出丑了就花钱去删帖，而是借着这个热点将话题推起来，各种版本的带着魔性的 *Are You Ok* 在各大媒体传播，雷军的知名度和亲民性得到最大程度传播。一家公司开发布会的目的不就是让用户知道它做了什么事情吗？现在好了，不花一分钱，全体网民自动成为小米的传播者。直到今天，还有很多人因为 *Are You Ok* 把雷军当作流行歌手来看，这是一个非常完美的裂变传播模式。

单品销量巨大并持续迭代

销量不是爆品的唯一指标，但却是第一指标。

为什么我们还是强调销量，因为前面提到的流量、话题、病毒最终目的还是将这些因素转化成销量。没有转化率的流量是无效流量，没有转化率的话题都是废话。对企业来说，我们最终还是要把产品卖到用户手里。

爆品讲究单兵作战，以一敌十

爆品有一个显著特征，就是更讲究单品销量，讲究“个人英雄主义”。小米在这方面有很多成功的案例，很多时候都是一款产品打天下：当年的扫地机器人，一款产品做到了中国市场第一；一款充电宝，当时出来的时候横扫市场，几乎拿下中国市场 60% 的份额；还有第一代小米手环，一款手环成为全球销量第二的穿戴产品。

其实单兵作战有它的优势，资源集中、流量集中、话题也集中，很容易形成聚集效应，也容易形成口碑效应。尤其是在电商模式下，单兵作战不仅不是劣势而且还是优势。这个道理非常简单，因为电商页面一般采用产品赛马机制，卖得好的产品排名就高，排名高就在首页流量最好的展示位，而展示位好又会带来更高的流量，这种循环最后的结果就是卖得好的产品销量会更高。而那些系列产品由于销量分散，反而降低了电商排名，流量也分散了，自然形成不了竞争优势。

用迭代的方式做产品，打造产品的持续竞争力

互联网公司一般推崇敏捷开发、软件迭代，它们自然把这种方式应用到硬件产品里。这种方式的优势非常明显。在这个变化剧烈的年代，原先一个产品卖 10 年或 20 年的时代已经过去了，人性喜新厌旧的本质得到极大满足，所以用户喜欢用新产品。当然

这种新不是推倒重来，而是持续更新。有调查显示，用户其实更习惯用自己熟悉的产品，所以产品保持 80% 左右的原有功能很重要，但是他们又希望有 10% ~ 20% 的变化，这种变化给用户带来新的体验和感受。所以一个好的迭代产品一般都是保持 80% 左右的原有性能，然后有 20% 左右的新性能。这样的更新用户体验会更好。

这方面苹果做出了很好的范例，苹果最早推出的是 iPod，然后做了一个屏幕更大的带触控的 iTouch，最后才做了 iPhone，这三个产品其实也是迭代，一次增加一些性能，一点一点加，最后发展出改变手机行业的 iPhone。

小米也借鉴了这种模式。以小米手环为例。我们最早做手环的时候做的是没有屏幕的手环，用户感觉就是一个小铁块，不过这个小铁块很精致；一年后迭代出第二代产品，开始有了屏幕；然后是第三代，把屏幕做得更漂亮，加入了更多功能；现在又出了第四代，屏幕变成彩色的，还支持 NFC（近场通信）。产品持续迭代的好处就是培养用户的习惯，让用户跟着产品一起往前走。当年有多少人在追苹果，苹果手机出一代，很多用户就更新一代。今天小米的手环也是，小米出一代，用户会更新一代。

产品除了性能迭代，时间上的把控也非常重要。太快不行，用户会觉得产品不可靠；太慢了也不行，他们会觉得这家公司反应迟钝，产品已经落伍了。那么，产品迭代的周期多久比较合适呢？一般来说大件的商品，比如汽车、电脑、电视、空调等，一年一代比较好，而那些相对小的生活用品或者小家电，半年一代相对是

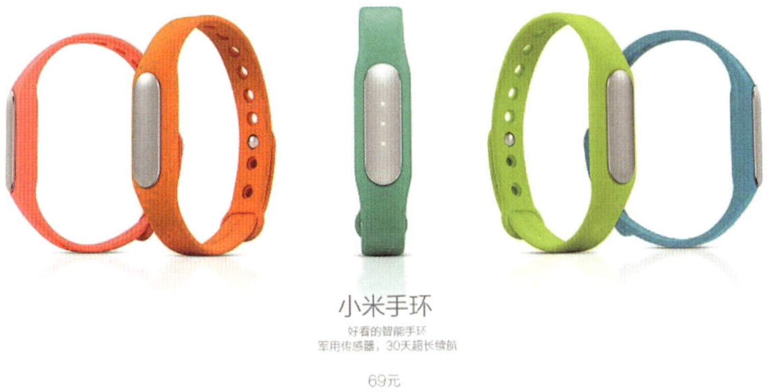

第一代小米手环

比较合适的。

另外，迭代还会带来一个好处——会带来较高的用户留存率。用户跟着产品跑，留存率得到保证。有数据表明，留存率每提高 5%，销售额能提高 25%。所以，持续迭代是爆品的一个重要特征。

单品销量过百万、过千万

前面提到单品销量巨大，那巨大到底应该有多大？这个确实没有一个统一的标准。不过从小米的发展来看，大件商品单品过百万，小件商品单品过千万，可以算得上是销量巨大了。

我们来看小米的单品销量，手机不用说，市场容量巨大，单品销量也非常可观。其他商品基本上单机销量应该过千万才能称得上是爆品。

除了手机，小米销量过千万级的单品还有小米手环、充电宝、耳机、小爱智能音箱。除了这些销量过千万的产品，销量过百万的单品就太多了，小米电视 4A、平衡车、扫地机器人等都是这个量级的单品。

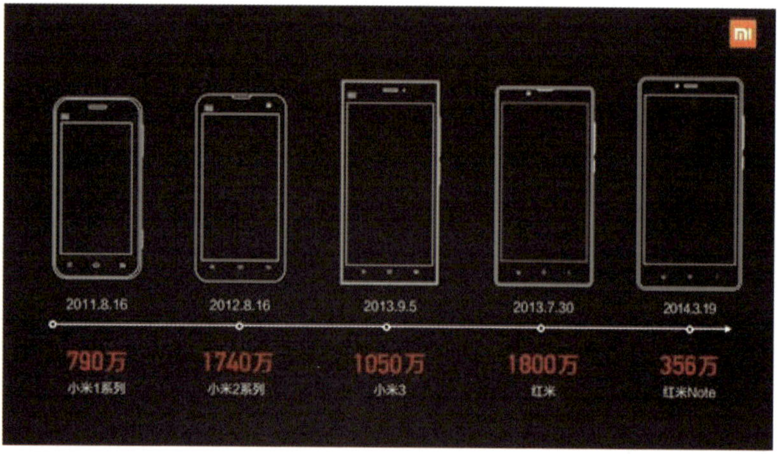

小米手机销量

本章要点

1. 不是所有卖得好的产品都是爆品，新一代爆品应具备三个基本特征：自带流量、自带话题、单品销量巨大。
2. 一切生意都是流量生意，而新一代爆品需要解决的第一个问题就是流量，尤其是搜索流量。
3. 产品要想说话，需要有话题性，而话题的病毒性传播是最快的传播方式。
4. 爆品销量指的是单品销量巨大，而为了延续爆品，最好采用迭代的方式。

第4章

爆品是公司的战略

打造爆品是战略，
而不是战术。

爆品不只是一个好卖的产品，打造爆品也不只是产品部门的职责，而应该是整个公司的战略，只有把打造爆品上升到战略层面，才能真正产生爆品，真正给公司带来持续的效益。很多传统企业羡慕互联网公司，也想做互联网转型，可就是找不到合适的方法。其实是否把打造爆品作为公司战略，是检验企业是否在进行互联网转型的第一标准，连爆品都不了解的企业一定不是互联网企业。

打造爆品是战略，而不是战术，很多企业简单地把爆品归结为产品的研发设计问题，那样是做不出爆品来的。因为爆品不仅涉及产品，还牵涉到公司的资源分配、营销策略，甚至是组织架构。如果不具备这些条件只谈产品，也许某个产品会卖得很好，但是很难持续，因为产品缺乏组织和机制来保障。

爆品是一把手工程

爆品到底有多重要，套用一句话：不重视爆品的 CEO 不是好 CEO。为什么这样说？我们知道在企业做 CEO 很累，似乎什么事情都是一把手工程：质量、产品、研发、营销全都由 CEO 来管理。不过没办法，谁让你是 CEO 呢！其他的职责也许可以由 CTO（首席技术官）或 CFO（首席财务官）管理，但是产品还真是一把手工程。我们经常说老板是企业最大的产品经理，其实是有道理的。

每一个产品其实都拥有自己的性格，而产品的性格在很大程度上就是企业的性格、CEO 的性格。我们看小米的产品，简洁、大方、实用性很强，是标准的理工男性格。这也是雷军学霸的性格。小米的产品都需要经过雷军审核，很多产品其实就是雷军亲自盯出来的。雷军是小米手机的首席产品经理，把控着每一个细节。除了手机，小米早期的一些爆品，比如插线板、充电宝、小米手环，雷军都曾深度参与，并且严格把控每一个细节。每个产品只有达到雷军满意的程度才能上市。直到今天，雷军还花大量时间聚焦在公司的爆品上。雷军对产品的细节有时到了“洁癖”的地步。我有几次向雷军汇报产品研发的情况，发现他对产品细节的关注比我这个具体的产品负责人还仔细。当时做 K 歌耳机，雷军对佩戴的舒适度、音质的细腻度提了很多意见，对如何营销也不厌其烦地提出了他的想法和建议。不仅是对产品质量，雷军对产品的很多其他细节要求也非常严格，比如产品外包

雷军微博晒小米手环 3 包装照片

装。当初小米手环 3 的包装，送给雷军几次样品，他都不是很满意，后来直接让设计师搬到他办公室旁边，他一有时间就和设计师沟通，花了三个多月的时间，终于做出让自己满意的包装设计。用雷军自己的话说：他已经把设计师逼疯了。

为什么爆品需要一把手来把控呢？其实还有一个原因，就是一把手和产品经理所处的高度不一样。作为一个部门，或者一个产品经理，当你一年两年都在研发一个产品的时候，肯定急于让它上市，一方面要对工作有交代，另外一方面自己或者团队也需要有成就感。但产品不是用来满足团队成就感的，而是用来满足用户需求的。一个好的产品，用户除了购买之外，还会通过评论打分对其进行评价，尤其是在互联网时代，用户评价对公司品牌影响至关重要，所以产品不仅仅是卖得好不好的问题。

做爆品要克制贪婪：要么不干，要干就干到极致

我做产品经理 20 多年，在小米这几年最大的收获就是：克制贪婪。不要总觉得自己能干，有经验，什么都想要，一定要把精力集中在一件事情上，反复揣摩。雷军在创立小米的时候，就反复提到：极致、专注！

这个要求看似简单，其实做起来非常难，其中最难的就是做到“极致”，我们做产品经常犯的错误就是：在做一个产品时，总是有很远大的理想，希望每个人都喜欢，希望所有的功能都完备。其实

做爆品的思维不是这样的。想让每个人喜欢最终的结果往往是没人会喜欢，想让所有功能都完备，最终用户却不会选择这个产品。其实做产品只要把用户最关心的一个问题解决了，用户就会喜欢，不需要面面俱到。

这个极致、专注不是只写在纸上，而是要融入工作的一点一滴中。当初，小米电视为了把声音做好，特意把音箱拿出来，还做了低音炮。就是这个低音炮，可把我们的音响团队折腾坏了。一般低音炮都是放在地上，需要有一个底垫，这个底垫不能太厚，否则会影响低音效果，但也不能太薄，否则容易引起共振。用什么材料、该多厚，我们的工程师前前后后测试了上百个底垫，最后才达到满意的效果。

小米低音炮

产品经理是爆品的灵魂

CEO 毕竟是 CEO，虽然他们应该对很多事情负责，但我们不能把产品的事情都推给 CEO。真正对产品全程负责的人是谁呢？应该是产品经理！产品经理有点像孩子的母亲，会决定产品的每一个细节。

说到产品经理，很多人都会觉得这个岗位很重要，不过让我惊讶的是其实很多企业甚至是以产品为主的公司，都没有产品经理这个职位。我当初很不理解，一个公司没有产品经理，产品怎么定义呢？后来，我了解了相关产业的一些发展状况。我们很多企业，一开始主要是向别人学习，最开始向美国学，后来向欧洲学，接下来日本、韩国崛起，我们就开始学习日本、韩国。说实话，学习并不是什么丢人的事，不懂就学，我们起步晚，一开始只能向别人学习。但怎么学呢？拿电视为例，最早日本企业做得好，索尼、松下、夏普，电视做得不错，于是我们把样品买过来，详细拆解分析，然后发挥我们的聪明才智，并利用较为低廉的人力成本，想办法把成本降下来，然后利用更加熟悉的销售渠道把产品卖出去。我们有很多企业是这样起步的，这种拆解模仿自然不需要产品经理，因为索尼、夏普等就是我们的产品经理。

但是这样生产出来的产品有一个问题，就是没有自己的独特性，或者说缺乏灵魂。企业可以抄外观，也可以降成本，但对怎样定义产品却并不理解。所以我们的产品总是附加值不高，只能用低价抢占一点市场份额。到了今天，中国制造已经走在世界的前列，很多产品中国也已经走到世界的前沿了，这个时候抄袭的产品已经没有竞争力了，甚至很多领域都没的抄了。此时，我们必须抛弃原来那种把别人的产品当产品经理的做法，而是要研发出具有自己特色的产品。这个时候，就非常需要有创造力的产品经理了。其实在互联网领域，从我们最初模仿美国商业模式到今天在很多领域领先美国，那些互联网领域的优秀产品经理做出了非常重要的贡献。

产品经理三大基本素质：疯子、脑残、花痴

产品经理不是谁都可以当的，一位优秀的产品经理需要具备一些基本素质。作为一个具有 20 多年经验的产品经理，我把这些基本素质总结成了三点：疯子、脑残、花痴。

像疯子一样亢奋：自己的孩子永远是最好的

想成为一名优秀的产品经理，在谈到产品的时候要像疯子一样亢奋，或者说所有优秀的产品经理都有点神经质。大家熟悉的苹果的乔布斯、特斯拉的马斯克，对产品细节的坚持都极其神经质。

一般来说，做产品经理的人有非常明显的“职业病”：一说起自己的产品就像父母说自己的孩子一样，瞳孔瞬间放大好几倍，滔滔不绝地讲述产品的各种优势。作为一个产品经理，具有天生的敏感特性，看到什么产品都会琢磨一下，这个门把手设计得是否合理？那支笔的手感如何？矿泉水瓶口为什么设计得那么大？有了这种日积月累的经验，当自己研发设计一款产品的时候，自然就有各种想要表达的东西。

还记得我当初做智能电视的时候，对电视机又大又笨的遥控器心生厌倦，尤其是上面密密麻麻的按键，实在让人心烦。大家在看电视的时候，眼睛应该是盯屏幕的，可是遥控器那么多按键，为了防止按错，我每次要用遥控器时都不得不低头找按键，所以自己开始设计这款新的遥控器时，我的第一想法就是要简化按键，把常

用的按键放在手指最容易碰到的地方，把不常用的按键放在远离手指的地方。然后就是那 10 个数字键，我是真的很讨厌它们，那是数字电视时代的产物，我现在做的是智能电视，用户主要看的是点播内容而不是某个频道，所以我建议把数字键拿掉，但几乎所有人都反对，理由是数字键还是有人用的。我一遍一遍地告诉大家，我们做的是智能电视，用户主要看的是网络内容，数字键的使用率越来越低。到了最后，我干脆行使自己作为产品经理的特权，拿掉了数字键。到今天为止，几乎所有的智能电视遥控器都拿掉了数字键。用户更加喜欢这款简化版的遥控器，说明我们当初的决定是很明智的。

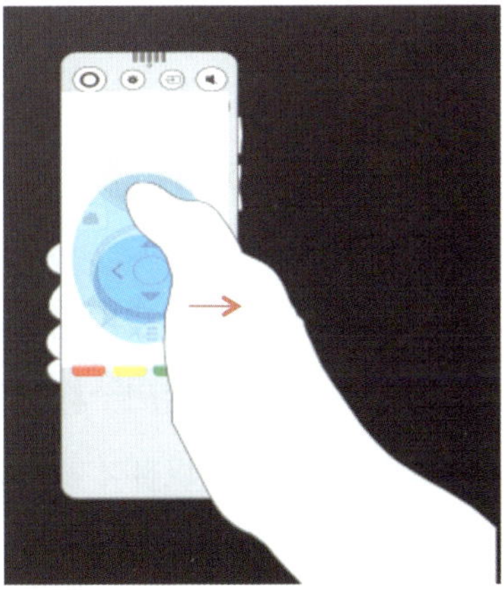

海信 VIDAA 电视遥控器示意图

为什么产品经理要像疯子一样呢？因为产品经理不仅要对产品负责，还需要协调各部门一起把产品做出来。如何说服团队？有时光靠讲道理是没用的，产品经理需要充满激情，充满梦想。我非常喜欢安东尼·德·圣-埃克苏佩里的一句话：

> 如果你想造一艘船，不要抓一批人来搜集材料，不要指挥他们做这个做那个，你只要教他们如何渴望大海就够了。

是的，协调团队，最好的方法就是讲述你的梦想，让大家一起憧憬这个梦想，大家自然就会帮你！

小米有很多梦想，比如打造物美价廉的商品，让美好的事情发生，等等。其中，我最喜欢的一个是：让每个人都能享受科技带来的乐趣。是的，这是我这个产品经理的梦想，我们就是希望自己的产品能给人们带来快乐！

像脑残一样思考：用户永远是对的

大家不要被“脑残”这个词误导，我说的脑残其实是互联网领域经常提到的一种思维方法：像小白用户一样思考。一个产品经理需要在最短的时间切换成小白用户，这样才能设计出好产品。关于如何切换成小白用户，我总结了脑残三信条。

第一条：用户永远是对的。

第二条：用户错了也是对的。

第三条：回到第一条。

其实这三条大家很熟悉，对于男性读者来说，把“用户”换成老婆或女朋友就更加感同身受了。

这个道理浅显易懂，不过做起来其实很难，我们总是喜欢站在自己的立场去替用户做决定，这其实是产品经理的大忌。

那么，怎么可以秒变小白用户呢？小白用户其实就是不用脑子思考的用户，不喜欢思考是人的天性，人的本性是懒惰的，不愿意主动思考。如果我们做出来的产品可以让用户拿过来就能用，不需要思考太多，那么这个产品就是好产品。不用思考、不用教育，用户拿到这个产品就会用，这个产品就具备了成功的基本要素。

小米有一个产品：体温计。它和原来的体温计最大的不同就是使用起来特别简单，用户拿着这个体温计，对着额头摁一下，温度就显示出来。三岁孩子也会用。

还有我前面提到的洗手机，用户一伸手，洗手液的泡沫就出来了。更好玩的是电子锁，用户一推门把手，指纹自动识别，门就开了，没有一个多余的动作，只需要开门的习惯动作，门就会被打开。这样的产品就非常受欢迎。

小米体温计

我们可以看到生活中有很多产品，需要用户去学习如何使用，去专门做一个动作，而且很多动作还是与用户习惯相反的。这样的产品太难推广了。要想培养用户的使用习惯，成本太高，时间太长，而且基本上都会失败。

所以，一个好的产品经理要去迎合用户，挖掘用户的使用习惯，然后因势利导，让用户在不知不觉中喜欢上你的产品，这才是一个好的产品应该具备的内驱力。我们永远不要试图去教育用户，因为教育用户的结果就是失败。

像花痴一样坚持

做产品经理确实不容易，不仅要做疯子，还要当脑残，最后还需要一个健康的身体和坚强的意志，你需要像花痴一样坚持。前面提到，作为一个产品经理，你一定要看到别人没有看到的产品特点，而很多功能又需要其他团队成员去理解、去实现。问题是别人很难像产品经理一样去理解，会提出各种疑问和挑战。一般的产品经理往往选择妥协，可是妥协多了，最后的产品就四不像。尤其是一些产品的关键点，比如设计风格、核心功能、用户痛点，对于这些细节绝对不能妥协。那么，产品经理该怎么办呢？就是要坚持，坚持去和每一个团队沟通，一次不行就两次，两次不行就 10 次，10 次不行就赖在对方工位上，直到他接受你的想法为止。我自己的体验就是“态度要好，立场要坚定”，其实大部分人会被你的诚心打动。有句话是这样说的：我哪懂什么坚强，全靠死撑！很多产品经理基本上都是崩溃以后再站起来，站起来以后再崩溃，在所有人都想彻底放弃的那一刻你还撑在那，你就赢了。这就是我们说的产品经理要“熬死”所有人。

当然，除了这种熬，还要有不断试错、不断改错的心理准备。一个产品想要成为爆品，需要了解用户，需要有创新，而只要创新就意味着风险。大部分产品经理都是普通人，像乔布斯这样的天才太少了。那么，一个普通人如何才能成为一名杰出的产品经理？这需要你改错的能力比别人强，你不停地改错，不停地学习，就是在持续成长。所以，产品经理有时比的不是智力，而是否定自己、不断改错的能力。

微信的创始人张小龙就曾经说过一句话：多少艰苦不可告人！这句话就是告诉所有优秀的产品经理：不管如何，你需要扛起所有的问题，不屈不挠。

有错就改，容忍失败

做爆品是一个高风险事业，很多事情无法预估，而且面临很多挑战。爆品推进的过程就是一个不断试错、不断失败的过程。尤其是到了最后阶段，打造爆品就像爬坡一样，会越来越难，这个时候就需要企业有一套容错机制。否则，创新的人很容易因为一两次犯错就被“打入天牢”，最终没人敢做爆品了。

小米电视的经历可以说很好地诠释了“知错就改”这件事情。最初的几年，小米电视一直致力于打造全球最好的电视，希望做到五个"最"：画质最好、音质最好、内容最好、工艺最好、价格最便宜。我们在实施的过程中可以说不遗余力，集中了整个行业顶级的人才来打造小米电视。在工艺方面，为了显示领先性，我们希望把电视做得薄一些、再薄一些。我们从 20 毫米，做到 15.5 毫米，做到 9.9 毫米，但还是不满意，最后我们做到了 4.9 毫米，比当时的 iPhone 手机还薄 1/3，是当时全球最薄的电视之一，并且在 CES（国际消费类电子产品展览会）上取得巨大成功，很多人为我们的工艺赞叹不已。

回到市场上，很多用户也被这种精妙的工艺吸引。有一个用户把电视买回家以后，为了证明电视有多薄，竟然拿起一个西瓜劈下去，西瓜被整整齐齐地切开，这一举动也引起了网上很多用户的围观。

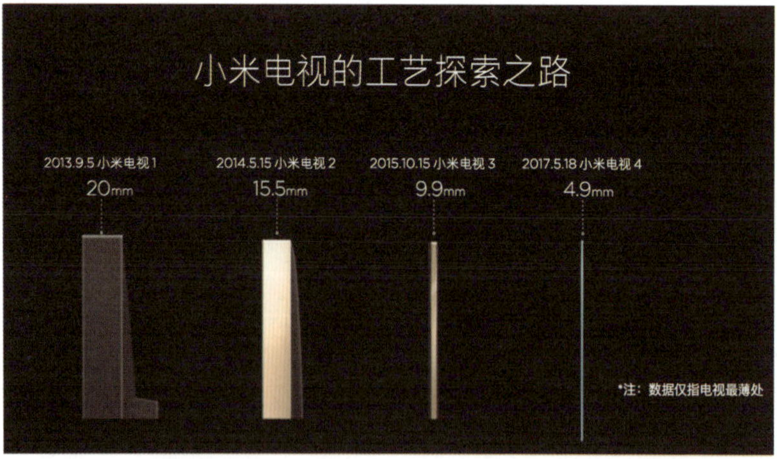

小米电视的工艺探索之路

然而，问题很快就出现了，由于电视做得太薄，长时间使用后，容易变形。另外，很多用户虽然感叹小米电视工艺精湛，但还是转而购买性价比更高的电视。为什么呢？为了做薄，这样的电视成本比一般电视高 20%，很多用户不愿意为薄买单，他们觉得 9.9 毫米的电视已经足够薄了。就这样，我们虽然做出了世界上最薄的电视，但其销量却很一般，并没有成为爆品。

最终，我们还是向用户妥协，在厚度方面适当放宽标准，以做出性能更稳定、成本更低的电视。小米电视后来凭借高性价比占领市场，取得了不错的成绩。

在这个过程中，如果小米公司没有容错机制，小米电视那拨人也许被直接炒掉了。正是因为不断试错，最终找到用户的“甜点”，小米电视才取得了成功。所以，企业的容错机制对于那些勇于创新、勇于冒险的人是最好的鼓励。

产品经理不要自嗨，用户说好才是好

产品经理由于角色的特殊性，很容易有一个毛病，就是自嗨，自己觉得某个创新是很天才的构想，某个创新能改变整个行业。我们说所有的产品创新都必须是有用的，是帮用户解决问题的，而不是满足产品经理的成就感的。我的座右铭是：骄傲是产品经理的天敌。一个真正优秀的产品经理要学会认㞞！当用户不理解你的设计、抱怨你的产品的时候，先反省是不是自己错了，而不是去争辩。绝大多数时候你会发现用户是对的，你是错的。其实认错并

小米 2018 年发布的智能油烟机

不是什么丢人的事情，产品本来就是为用户设计的，用户觉得好才是真正的好。

小米其实也做过很多自以为是的产品。2007 年，人工智能开始火热，小米做了一个小爱音箱非常受用户欢迎。于是，我们在很多产品中把小爱同学内置进去。应该说，有些产品还是很适合内置小爱同学的，比如手机、音响、耳机等，但是有些产品明显就不适合，比如油烟机。

2018 年，小米的生态链企业发布了一款智能互联烟灶套装，其中一个卖点是：自己会学习的油烟机。当初的想法应该是蹭一下人工智能的热度。为了让这一功能更有趣，我们在语音识别上还特别强调“听得懂各种方言”，什么四川话、河南话等。不过，用户实在无法理解做饭的时候明明伸一下手就可以控制油烟机的抽风强度，为什么要那么费劲去喊一下“小爱同学，抽风小一点”。这明显不符合用户的使用习惯啊！这样的产品也许产品经理会觉得很酷，可是用户真的找不到购买的理由。

让用户推动产品创新，改！改！改！

要想做好产品，让用户参与进来非常重要，尤其是在产品创新方面。谁是真正的产品创新推动者？答案只有一个：用户。用户的参与会让你不停地改进！最重要的是，用户不仅要你改，还希望看到你改的速度。小米手机 MIUI 系统最早实现一周一个版本的更新，创造了行业纪录，其实这个速度背后是每天无数条用户提出的各种改进意见，我们的产品经理和工程师将这些意见筛选后，把重要的问题进行改进，用户更新后看到自己提出的问题那么快被解决了，自然非常满意，从而也就更加积极地成为“义务测试员”。

小米这种做法很受人称道，这被称作用户参与产品的定义过程，小米的联合创始人黎万强还专门就此写过一本书——《参与感》，用户参与的核心其实就是让用户帮我们一起试错，一起去找错。小米的论坛一直很活跃，那里就有很多用户在给小米提各种意见和建议。小米还有各种产品群、产品官微，这些都是为了让更多的用户参与进来。参与的用户多了，他们会有自己的意见和想法，产品经理多了解用户的想法，尤其是多听听用户对产品的抱怨，虚心接受这些意见，在新的产品中进行改进，就能打磨出好的产品来。

小米最让人称赞的 MIUI 系统，已经发展到了 MIUI 11，可以说 MIUI 每一次升级，除了产品经理的努力之外，真正贡献最大的是用户的反馈，是用户把使用过程中的点点滴滴感受反馈出来，再经过产品经理和研发人员的努力，才让小米 MIUI 系统一直很受用户欢迎。

因为重视用户的参与感，小米的产品发布过程就和大多数公司的产品发布过程不一样。借鉴软件开发流程，小米产品在正式销售前，通常要经过四个阶段：原型机、工程机、内测机、公测机。

MIUI9 操作系统

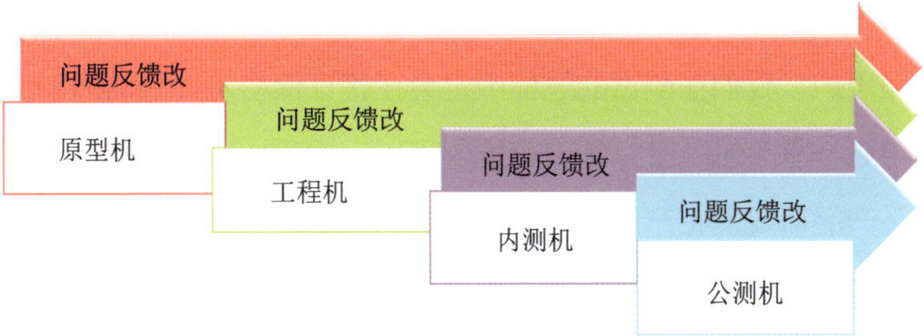

小米产品销售前经历的四个阶段

原型机：也叫手板，不过这款手板是能真正工作的手板，是根据产品设计和定义把重要功能都实现的手板。公司根据原型机来确定各种功能是否符合当初的设想，发现设计中有哪些问题。为了更多地发现问题，这个原型机是需要让更多人来体验的，包括设计师、产品经理、研发人员、销售人员、市场营销人员等。最好能让一些潜在用户也参与体验，他们提出的问题往往更直接，更有价值！

工程机：是可以完整实现所有功能的测试机，根据产品的不同，数量也不等，一般会有 50～100 台，除了给工厂、研发人员等进行各种技术测试外，更重要的是由产品经理、市场销售人员及最终的用户代表来进行实际应用，发现产品的各种问题，进行总结和汇总。这个环节最关键的作用就是最终用户要能体验到产品，并长久使用，把用户使用中有可能出现的问题及时反馈出来，以便改进。

内测机：这个阶段的产品已经属于正式生产的产品了，一方面用于工厂调试生产线，另一方面就是作为完整的产品发放到更多用户的手中，当然这个阶段的用户更多还是公司内部用户，所以叫作内测用户。我们在测试的过程中也会在签订保密协议的前提下把产品给到一些专业人士、媒体和最终用户。数量从 100 到 500 不等。这是产品研发及生产过程中非常重要的一环，可以将其比作高考的模拟考试，由于用户量扩大，基本可以模拟用户的真实情况，各种问题会大面积出现，甚至有些问题会推翻原来所有的设想。如果问题较大，内测的过程会持续几个月，某些产品甚至会有 2 ~ 3 轮内测。

公测机：这个阶段的产品可以被理解为产品试销售的样品，出来的产品与正式上市的产品完全一致，公测可以采用用户优惠购买的方式，也可以采用定向销售的方式，把产品真正交给用户。公测时间一般以 2 ~ 3 个月为宜。在用户购买公测机后，最重要的工作就是收集用户的信息和反馈意见，尤其是要观察用户口碑与评价。那些口碑好、评价高的产品，后续成为爆品的可能性就大。

这是产品正式上市前的测试流程，在测试过程中，一旦发现重大问题，会影响用户体验或者技术、成本等无法达成，都可以强制叫停，将项目枪毙。这是一个非常残酷的过程，但也是一个去伪存真的过程，好的产品都是需要经过无数锤炼才能成功上市的。很多公司只要将产品做出来，就想方设法上市，其实是不正确的。因为从整体成本来考量，一个不成功的项目，越早结束，公司的损失越小，成本越低。一旦把一个不成功的产品推向市场，对公司来说损失是巨大的。

学会放弃，学会把不成熟的产品扼杀在摇篮中，是打造爆品过程中必不可少的步骤。在这一点上，我们的产品经理要有充分的思想准备。

杀鸡就要用牛刀

做产品，最重要的是选对人，对的人在一起办事效率高。很多公司鼓励大家想办法跳着去够到某个高度，其实最理想的状态是你蹲着就可以把事情做好。大家可能不理解，这不是让大家没有奋发的动力了吗？恰恰相反，你要想蹲着就把事情做好的前提是：你本身应该很高很高。我们提倡杀鸡用牛刀，就是要求大家有高度、有效率、有格局。

杀鸡用牛刀离不开三个方面：厉害的人、全球领先的供应商、好的渠道。

厉害的人：什么样的人是厉害的人？通俗来讲就是你在自己所处的领域排前几名。我知道很多领域未必有这种排名，但是这个领域里哪些人足够厉害，自己是不是这些厉害的人之一大家应该都心里有数。我们讲一个厉害的人顶 10 个庸人，其实很多时候不是 10 个，而是 100 个、1 000 个！为什么呢？厉害的人本身自带能量，很多难题对他来说都不是问题，更重要的是厉害的人在一起工作效率会更高，大家互相敬佩、互相尊重、互相信任，这样的团队是无敌的。

当然这个设想很理想，我不是说一个团队中每个人都是厉害的人，但是在产品领域，至少每个方面都有厉害的人。互联网领域里有一个词，叫作人才密度。人才密度越高，团队能力相对越强。以小米电视团队为例，2019 年上半年小米电视是中国市场销量第一的电视品牌，一个重要因素是这个品牌背后有一群很厉害的人：负责背光的工程师曾经是 iPad 几代产品的背光专家，做系统的工程师是 Android 系统行业的顶尖高手，做音箱的王富裕老师是国内赫赫有名的音响专家。在内容运营方面，小米电视拥有智能电视行业顶尖的内容运营团队。小米还有一群杰出的设计师、产品经理等，自然可以打造出有绝对竞争力的电视产品。简单说，产品的竞争力拼的就是人！

全球领先的供应商：很多人都质疑小米没有自己的工厂，能做出好的产品来吗？这个问题其实很奇怪，很多世界知名的公司，比如苹果、耐克、阿迪达斯等，都没有自己的工厂，它们的产品不是很优秀吗？而且这些产品大部分都是在中国生产的。中国制造已经很有竞争力了，我们直接用这样先进的工厂即可，为什么一定要自己建工厂呢？再说自己建的工厂就一定做得比别人好吗？术业有专攻！富士康、比亚迪、和硕、伟创力等代工厂，都是制造业的翘楚。正是因为小米没有自己工厂的压力和负担，我们才可以选择和世界上最好的工厂合作，做出最好的产品。这在这个强调资源协作的时代，也许是最好的选择。

除了代工厂，小米还坚持一条原则，和全球领先的供应商合作，好的供应商不仅能保证产品的质量，还能让企业及时了解产业的发展方向和趋势，帮助企业一起成长。其实整个产业的发展就是品牌厂商与供应链互相促进，共同成长的过程，所以选择优质的供应商，可以大大提高产品的水准及品质。

好的渠道：一个好的渠道会让产品的影响力最大化。我们总是强调渠道为王，就是想告诉大家渠道多么重要。用户习惯去什么地方购买产品，其实是很难改变的。小米手机最早是线上销售，由于当初小米是第一家在线上进行手机销售的企业，所以市场份额很高，销售情况很好。不过到了 2015 年、2016 年，大家在线竞争很激烈的时候，OPPO 和 vivo 在线下迅速崛起，这背后的原因是 70% 左右的用户还是习惯在线下买手机，希望买手机前能看到实物，能亲自体验一下。所以小米手机经历了一段很艰难的时光，线上销售市场份额被分流，线下销售渠道没有打开局面。好在小米意识到问题后迅速采取措施，小米之家横空出世，创造了线下销售的奇迹。同时，小米也开始和一些渠道探讨线下合作的方式，打开线下市场，迅速扭转了颓势。这就能看出渠道多么重要。

从这个过程中，我们还能发现另外一件事情，就是没有永恒的渠道，不同阶段需要与不同的渠道合作，在合适的时候找到最适合自己的渠道，就是最好的渠道。有了好的渠道，就有了最好的触达用户的通路，自然产品也就容易火爆。

厉害的人、全球领先的供应商、好的渠道，有了这三个条件，做起事情来自然效率就提高很多。

除了具备这三个条件之外，企业如果能做到降维攻击，也能提高自己的竞争力。

在降维攻击上，企业只要运用得好，也可以产生很好的效果。米家有一个叫作精修螺丝刀套装的产品。可能有人会问，一把

小米精修螺丝刀套装

螺丝刀而已，需要这么大动干戈吗？小米还真下了血本，首先联手德国工具行业拥有80年高品质工具制造经验的顶尖品牌Wiha，请Wiha家族第三代CEO亲自上阵，就为制作一把好用的螺丝刀。该产品生产出来后，无论是外观还是使用效果都让用户赞叹不已。一把小小的螺丝刀年销售额过千万元，这就是降维攻击带来的竞争力。

除了这把螺丝刀，小米还有一样产品——口袋照片打印机，也是一个典型的降维攻击产品。照片打印技术目前来说非常成熟，不过随着手机拍照越来越普及，如何随时随地打印照片就成为用户的痛点。小米因势利导，在原有照片打印机的基础上做减法，推出一款口袋照片打印机，其核心竞争力就是方便。这款产品技术和工艺都很成熟。结果该产品在小米网上做了一次众筹，销售额达到700多万元。这在今天打印机行业也算一个奇迹了。

小米口袋照片打印机众筹图

本章要点

1. 打造爆品是战略，不是战术，爆品项目需要 CEO 亲自来抓。
2. 产品经理需要三种素质：疯子、脑残、花痴。其核心就是坚持用户至上，同时产品经理一定不要自嗨。
3. 企业要想做爆品，需要有容错机制，要有一套用户参与机制，让用户来推动爆品不断向前。
4. 要学会降维攻击方式，用厉害的人、全球领先的供应商、好的渠道，直接降维攻击，往往会取得意想不到的成绩。

第5章

爆品的开发模式

用数据说谎很容易，用数据说出真相很难。

企业都希望做出爆品，也都希望自己的产品能成为爆品。那么，到底什么样的产品会成为爆品，或者说怎样发现爆品呢？这是打造爆品的第一步，也是非常重要的一步。我们必须有先进的方法，才能快速决策。要想打造爆品，用户是最重要的因素。可是，我们怎么才能知道用户喜欢什么样的产品呢？

用数据的方式找爆品，而不是用产品经理的直觉

如何发现潜在的爆品，这个问题在过去确实是一个难题，只能依靠个人经验或者产品经理的灵感。我们从以下几个方面看一下通常的做法是什么样的。这些做法通常存在明显的问题。

市场变化：其实当我们发现市场变化的时候已经晚了，因为市场变化是结果，具有明显的滞后性。要把控市场变化，企业需要在市场变化初期就能感知，这样才能及时采取措施，应对市场变化。

信息收集：过去收集信息有很多方法，比如调查问卷、咨询公司样本跟踪、各种咨询报告等。但是，这些方法由于很多过程本身没有数据记录，或者说收集的数据样本量太少、不及时，因此未必真实，很容易收集一些错误的数据信息。要知道用数据说谎特别容易，而要用数据说出真相却很难，所以采用普通数据收集方法很容

易得出错误的结论。而且最重要的是，我们拿到的数据一般都是企业内部数据，真正有意义的外部数据很少。

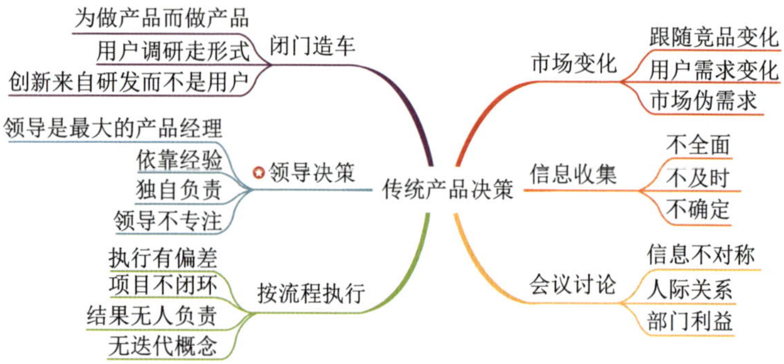

传统产品决策

会议讨论：开会讨论这个流程，虽然不能一概而论，但是80%的会议是无效的或者效率极低，由于大家信息不对称，再加上各自站的立场不同，所以很多时候开会都没有结论。我曾经在《互联网鲇鱼法则》[①]一书中专门探讨过传统企业开会的问题，引起了很多人的共鸣，大家还经常引用我的一句话：不是在开会，就是在开会的路上。

闭门造车：因为意识到市场发生变化，必须要做出一些动作，于是产品部门也好，市场部门也好，销售部门也好，总要做点东西出来，大家会根据自己的判断以及岗位需求，设计出自认为用户需要的产品。我有很多传统企业的朋友，他们经常做出一些莫名其妙

① 《互联网鲇鱼法则》由中信出版社于2015年出版。——编者注

的产品来。比如有一家做床垫的公司，认为产品智能化很重要，于是在床垫里加入大量的传感器，以此来测试用户的睡眠状况，销售价格比一般的床垫至少贵一倍以上。我问他们：你们知道一个 100 元左右的小米手环就可以测睡眠质量吗？他们的答复是：我们的产品也想智能化，这是方向啊！这个问题还真不是一两个企业的问题，而是很多企业的通病，大家认为智能化是一个方向，于是一窝蜂推出了一堆为智能而智能的产品。当然，这样做最终的结果是这些产品不仅浪费了大量的研发费用，而且还耽误了宝贵的时间，贻误了最佳的产品推广时机。这种教训很多企业都需要吸取。

CEO 决策：我们曾经开玩笑说“做人别做 CEO”，因为这个职位太难做了。在市场环境相对简单的公司，CEO 还相对好做，一般 CEO 是这个行业的专家，他们有经验、有积累、有市场敏感度，所以对行业有足够的把握。不过到了现在这个快速发展的时代，信息更新迭代速度太快了，要想让 CEO 什么都会，确实太为难 CEO 了。但在其位需要谋其政，尤其对于那些很勤快的 CEO，下属们什么决定都不做，都推给了 CEO，而 CEO 是企业的最后一道防线，必须做所有的决定。既然是 CEO 做的决定，最后所有的结果当然都由 CEO 来承担。这种一个人决定整个公司的模式，对企业来说，包括对 CEO 来说都是很危险的，风险系数太高了。

按流程执行：执行力是一个企业的核心竞争力之一。大部分企业在这个方面一直做得很努力，但效果却很一般。大家为了提高执行力，最简单的做法就是优化流程，但流程往往越优化越复杂。我一个企业家朋友曾经和我说过这样一句话：公司千万别上市，一上市就会变成我们特别讨厌的公司。我开始很不理解，上市不是很多企业家追求的终极目标吗？我有了在几个上市公司工作的经历后，终于明白了这句话的含义：公司一上市，各种流程看似把公司规范化了，其实公司也随之变得僵化、臃肿了。当然，我这里不是抨击公司上市这件事情，而是从执行层面来看，很多为流程化而流程化的东西造成了公司很大的内耗。

其实流程本身没有错，错的是流程中各个环节的数据不透明、不对称。由于大家掌握的信息不一致，在执行流程的时候就会有偏差，流程越多，偏差越大，到了最后有可能就四不像了。电视综艺节目里有一类节目很受欢迎，就是传话游戏，四五个嘉宾在不同的隔断里，由第一个嘉宾把看到的内容传达给下一个人，一个一个传下来，到了最后经常是一个令人啼笑皆非的结果。这样的节目给人带来了很多欢乐，但这不也正是我们工作中经常遇到的问题吗？

所以说，执行问题的核心是信息交流的问题，一旦大家得到的信息不一致，执行下去如果存在一点偏差，最终就很容易造成巨大的误差。而真正执行到最后，结果或许已经无法改变了。做产品也是，往往一个好的产品设计，到了执行层面，遇到最多的问题都是理解问题，每个人心中都有一个产品模型，但是每个人的模型都不一样，最后出来的产品自然而然就走样了。

那么，怎么解决这些问题呢？一个最简单的方法就是利用好大数据，让数据辅助你决策。随着中国互联网的迅猛发展，我们在消费端的数字化工作已经走在世界前列，尤其是随着淘宝、京东、拼多多等电商平台的壮大，我们积累了大量的消费数据，这些数据的背后其实就是用户通过点击进行投票。这些数据量已经非常大，非常全面，我们需要做的就是想办法获取这些数据，然后根据企业的需要进行挖掘分析，最后拿到企业需要的东西。下面是一个企业数据获取的基本模型，有了这样大量的数据，配合后台的 AI 算法，企业可以快速实时地获取信息。

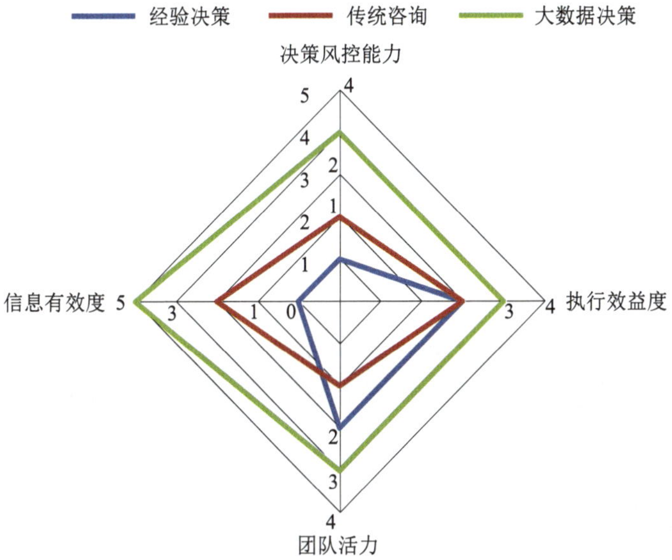

三种决策方式对比

这种数据决策会比原来的决策，至少在以下五个方面具有优势。

第一，信息的全面性，尤其是外部信息，你可以获得足够多的外部信息。外部的信息往往是最客观的，会打破部门之间的墙，有些东西会把一些数据隐藏起来。

第二，CEO 做决策不是依据谁的汇报工作做得好，谁的 PPT 写得漂亮，而是依据数据。老板不需要什么都懂，现在的商业环境非常复杂，商业的复杂性就会导致老板越来越不专业，这是常态。以前经营管理企业，很多老板是企业所在领域的专家，做决策相对简单，但是今天的市场环境很复杂，你原来是一个做产品的，或许不懂互联网，不懂新零售，也很难搞明白天猫、京东，其实很多时候我们不需要懂。很多老板的学习能力很强，但是一个人一生究竟能学多少东西呢？一个自然规律是人的年纪越大越不会学习了，因为个体会产生路径依赖。有了这个数据分析后，老板只要能看懂这些数据，知道数据的结果，做决策就相对简单很多了。

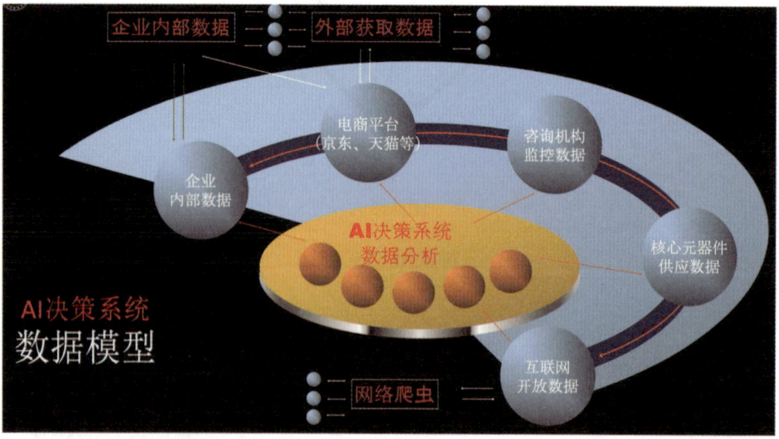

AI 决策系统数据模型

第三，执行不走形。CEO 解脱出来了，一个不懂行的 CEO 做的决策是依靠数据的决策，将这些数据同步给那些执行的人，大家信息一致，执行起来也就容易一致，工作效率自然就提高了。

第四，提供创新灵感的来源。数据可以指导创新，当大家把不同维度的数据放在一块的时候，有时会发生化学反应，产生很多灵感。研究表明，现在 90% 的创新都是在大数据刺激下产生的。当企业收集到足够多的数据并进行分析挖掘后，其结果往往会让人大吃一惊，数据的结论和我们的经验会相差很大，其实越是相差很大越说明数据的有效性。当我们确认这些数据的真实性之后，那些让我们惊讶的数据就是创新的来源，就是新的商业机会。

第五，根据数据做出的决策可验证、可复制，这些数据不停地被收集，然后我们再去测试，不停地试错，试错以后数据会很客

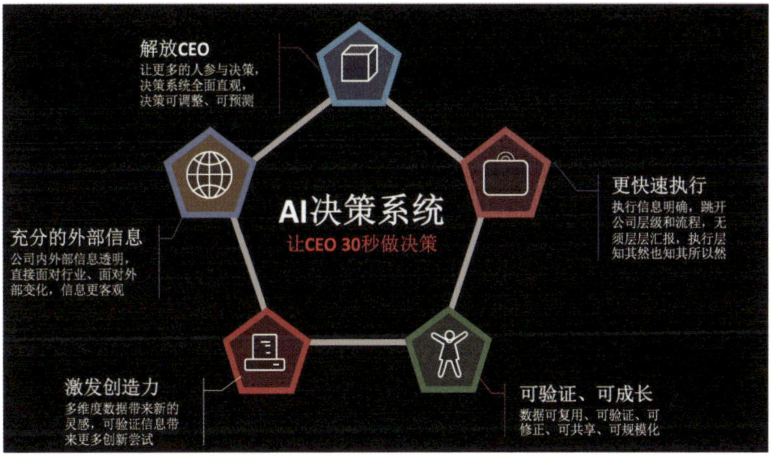

大数据决策优势

观地告诉我们哪些对了、哪些错了，它会变成一个自学习、自成长的过程。一旦整个系统进入自学习阶段，企业的竞争力就可以得到积累，从而建立企业的竞争门槛。

典型案例：米家互联网空调

小米电视成功之后，一个自然的逻辑就是小米有没有可能做好其他大家电，虽然这在逻辑上似乎讲得通，但是我们不能想当然。空调也好、冰箱也好、洗衣机也好，虽然都是大家电，但是每个大家电的优秀厂商都不同，这至少说明各行业都有自己的规律，不是可以简单照搬的。

当初我们想要做空调，第一个理由很简单，空调是大家电里面最重要的产品，基本上可以说得空调市场者得大家电市场。那么，在空调这个市场上小米还有没有机会呢？

我们首先需要做的就是进行大数据分析。我们拿到了近10年空调行业咨询机构的数据，也拿到了近两年淘宝、京东的空调数据及空调核心元器件的各种数据。当然，我们也邀请了空调行业的专家进行大量的座谈和调研，获取了比较全面的元数据。

有了这些元数据，我们开始从10个方面进行分析。

空调的市场空间有多大，整体走势如何？

空调的主要厂商是哪几家，线上、线下的市场份额如何？

空调产品的技术有哪些变化，接下来还会面临哪些变化？

用户买空调最关注哪几个方面，这些方面用户满意度如何？

空调的核心技术指标是哪些，变化趋势如何？

用户习惯去什么渠道买空调，这些渠道过去几年是否有变化？

用户愿意花多少钱买空调，愿意为哪些功能花钱？

空调市场前 10 名品牌的市场占比是多少，过去有没有爆品？

哪些人在买空调，新增市场和旧空调置换市场占比是多大？

用户买空调的时候，各品牌的溢价是多少？

除了分析这些问题，我们还进行了各家明星产品的具体分析、技术可行性分析、供应链分析等。当我们把这些数据梳理后，整个空调市场的布局图就基本清晰了，一个简单的数据结论也出来了。

在用户满意度方面，结论如下图所示。

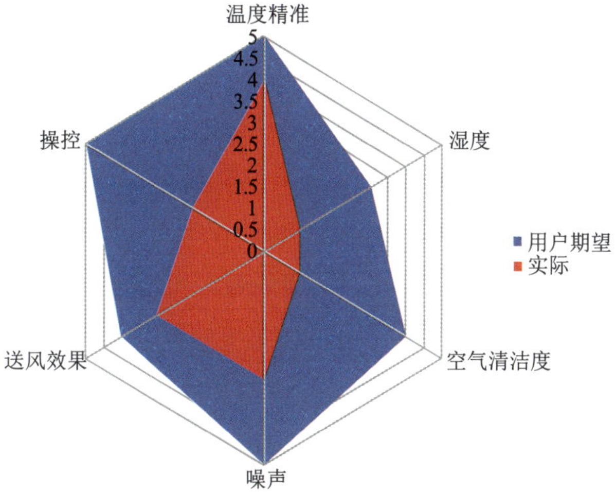

空调用户满意度调查

这张图说明，用户期望值和实际情况存在很大的差距，这至少说明空调产业还有很大的提升空间。

在市场方面，数据系统也给出了它的初步结论。

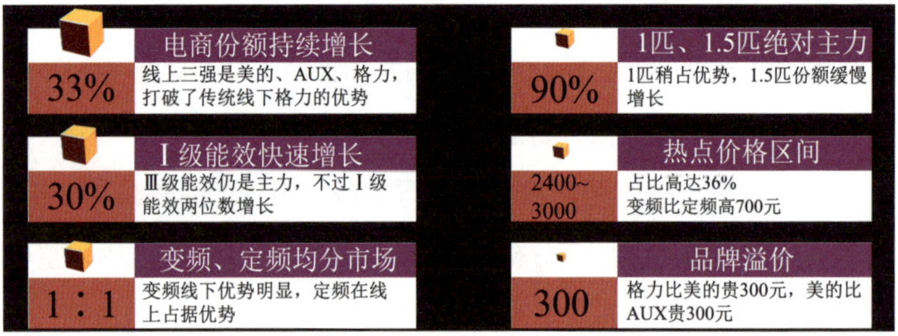

空调市场调研结论

我们看看这几组数据。第一组数据：线上销售份额占比超过33%，也就是接近3成的用户选择在网上购买空调，而且更有意思的是网上份额排第一、第二的是美的和AUX（奥克斯），空调巨无霸格力屈居第三。尤其是AUX异军突起，在线上大部分时间都排第一，说明传统的空调两强格力和美的在线上优势并不明显。

第二组数据是能效占比。Ⅰ级能效增长迅速，呈现两位数的增长，尤其是2019年国家开始强制Ⅲ级能效退出市场，Ⅰ级能效有了巨大的增长空间，这对原来依赖Ⅲ级能效的中小品牌空调厂商将造成很大的影响。

第三组数据是变频和定频产品占比。虽然变频空调面世已经超过10年，各厂商也在不遗余力地推广变频空调，但是由于变频和定频空调存在价格差异，还是有50%的用户选择定频空调。但是随着Ⅲ级能效空调退出市场，变频空调的占比相对会提高很多。

第四组数据是匹数占比。1 匹和 1.5 匹产品占比超过 90%。这个现象其实不奇怪，虽然很多厂商推出所谓的大 1 匹、大 1.5 匹，但是用户并不买单，会在心里根据自己房间的面积计算空调的大小，1 匹和 1.5 匹让人觉得更合适。

第五组数据是价格。数据表明有 36% 的用户愿意在 2 400 ~ 3 000 元这个价格区间买空调，那么这个价格区间就是热点区域。这也说明用户虽然看似随意购买空调，其实是有一个心理价位的，而且这个价格一般很少发生较大的变化。

第六组数据很有意思，就是品牌溢价。对于一个家里的大件商品，用户对品牌的认可度还是很高的，在格力和美的两个品牌的选择中，用户愿意为格力多花 300 元，同样在 AUX 和美的的选择中，用户愿意为美的多花 300 元，这个数据表明格力品牌还是比较强势的。

我们还计算了一些其他数据，比如：空调原材料成本与售价，发现空调厂商普遍利润还不错，渠道利润也很好；技术发展几乎停滞，十几年没有大的发展；零售价格也一直稳步上升，所以有了“空调是黄金”的说法，第一年没有卖掉的商品往往第二年价格更高。这些其实是不正常的现象。

当这些数据出来的时候，我们那些做了十几年空调的同事也是大吃一惊，大家原来更关注一些技术细节，很少这样系统地去看待问题。这些数据也让他们很兴奋，因为他们看到了产品创新的机会。有了这些数据，我们可以得出一些基本的市场判断。

空调市场的基本判断

我们当时分析，空调市场有三个大的机会，第一个就是线上市场有机会，AUX 横空出世说明线上市场是新品牌的好机会。其主要原因是传统空调销售一般依赖代理商，当线上销售渠道出现后，由于相对来说线上价格较低、利润较薄，这样的价格就容易冲击线下。所以为了保护线下，原有厂商不敢在线上发力，甚至不敢把一些畅销机型放到线上来卖。而新的空调厂商没有压力，尤其是 AUX，看到了线上的机会，直接取消线下销售，只做线上市场，获得了很多用户的欢迎。

第二个机会就是产品创新的机会，一个产品如果十几年没变化，同质化必然很严重。而且看看用户满意度数据，就知道现在的产品与用户期望相差很远。那么，为什么这么多年没有大的创新呢？核心原因是没有新的技术革新，同时也没有新的外来搅局者。所以，结果是用户抱怨用户的，厂商依旧我行我素。

那么，创新的方向在哪里？就在用户的满意度调查中。今天的用户不仅关心温度，也同样关心湿度、空气清洁度，同时对产品的操控性等提出了更多的要求。如果有人重视这些问题，利用今天的物联网技术，加湿、空气净化器等设备与空调的互联互通就变得非常有意义，这就是创新的方向，也是用户关注的新体验。

第三个机会就是价格空间。我们在详细分析了整个空调市场的价格，对比了市场零售价之后，发现一个惊人的数据：空调的总体毛利达到了 60% 左右，有些甚至达到了 100%，这个毛利简直是暴利。既然存在暴利，那么就有巨大的价格空间，这实在是一个巨大的诱惑。小米致力于提供质优价廉的商品，希望将综合毛利率控制在 5% 以内，也就是说，我们事实上有重新定义价格的机会。这个诱惑对于我们来说同样是巨大的。

正是有了这些数据，看到了这样的机会，小米做了几个选择，第一是在红海中建立蓝海市场，创立互联网空调这个新的品类，然后根据数据给出的创新点，充分利用网络互联，提高互联网空调的用户体验，米家互联网空调强调与加湿器、空气净化器之间的互联，提高用户的舒适度；同时下大力气简化空调遥控器，将用户几乎不用的多余的按键去掉，其他按键根据用户使用频率重新排列。我们将整个空调外观也做了重新设计，去掉那些华而不实的设计，让空调回归产品本身。

产品类别方面，小米选择了用户购买量最大的三个品类：1 匹Ⅲ级定频、1.5 匹Ⅲ级变频、1.5 匹Ⅰ级变频，这三种规格的空调在空调市场的销量排名前三。在价格方面，小米充分利用自己商业模式的优势，在维持 5% 以下毛利率的情况下减少代理层级，让价

米家互联网空调经营策略

格回归，保证具备同样功能的产品比竞品便宜 30%。有了这几板斧，米家互联网空调迅速崛起，在 2019 年京东 6・18 电商节上取得了销量第四名的好成绩，超过了很多传统空调品牌，让业界刮目相看。这里面有很大一部分功劳是大数据分析。

利用大数据还有一个巨大优势，就是时间成本大大降低。作为一个新领域进入者，我们一般需要花费大量的精力进行市场调研，产品定义周期一般也是半年，还有市场宣传、卖点总结等，一个新产品面世需要 1 年甚至 2 年以上的时间。有了大数据的帮助，这个时间周期就可以大大缩短，而且产品营销的准确性也大大提高了。

从这个典型案例可以看出，有了大数据作为分析的基础，不仅可以缩短我们决策的时间，提高效率，而且大数据比较直接、客观，

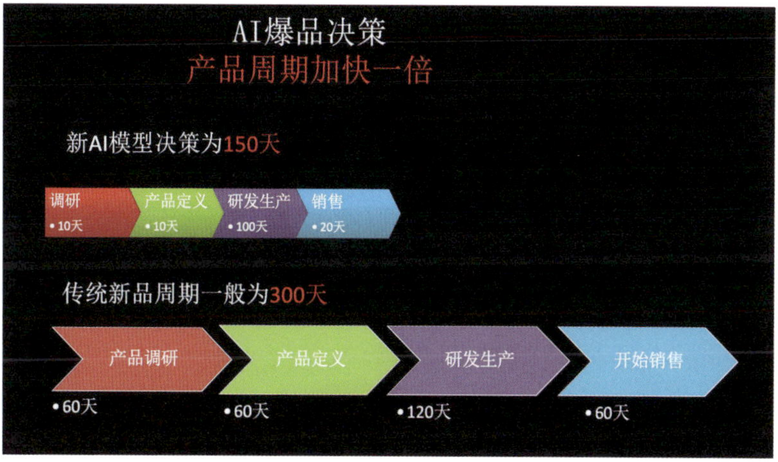

AI 大数据爆品决策优势

在很大程度上去除了人的主观因素，可靠性更高。我们打个比方，一个新产品如果是 100 分的话，大数据分析已经给我们 60 分的及格分数了，剩下的就看决策者的智慧和执行层的执行效率了。

找到产品引爆点，寻找用户“尖叫时刻”

产品引爆点其实就是最令用户惊喜的那一点，我把它叫作用户的“尖叫时刻”，《增长黑客》里把它叫作用户的“啊哈时刻”。一个产品要想成为爆品，必须找到用户这个“尖叫时刻”。这个是选择爆品的一个重要任务，或者说是首要任务。

用户的“尖叫时刻”到底在哪里？我们如何找到这个尖叫时刻呢？这其实是有路径可循的。我把这个路径总结成“爆点三步走”：挖掘用户痛点→解决用户痛点→超过用户期望。

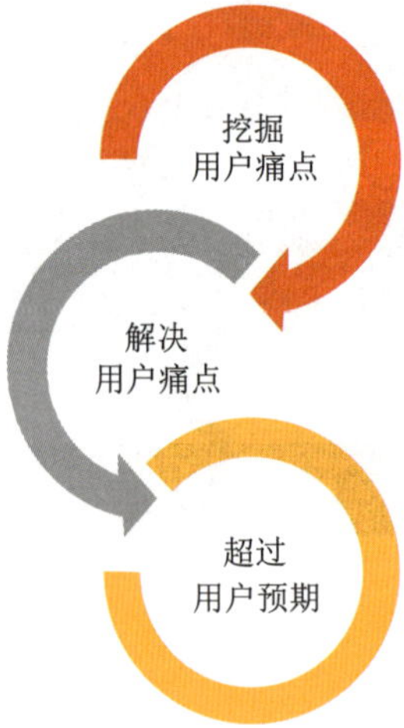

爆点三步走

找痛点，就是找到用户使用产品的尴尬点

用户之所以能被你的产品打动，会尖叫，一定是用户前期一直被原来的同类产品折磨，这种折磨也许是显性的，用户已经在不停地抱怨，比如说到空调，网上很多人都在抱怨“我晚上不是被冻醒，就是被热醒”。还有一种折磨是隐形的，也就是用户觉得不舒服，可是好像觉得每个产品都是那样，于是忍了。比如说扔垃圾，虽然大家在扔垃圾时很不方便，不过很多人会觉得垃圾桶好像都是那样，因此也就习以为常了。

那么，如何发现这些用户痛点呢？其实办法很简单，就是你把自己当作小白用户，去使用一下这些产品，看看哪些地方使用起来很不舒服，那么这就是用户的痛点了。还有一个办法，就是去观察那些经常使用这些产品的用户，由于他们经常使用，就会想出一些变通的改良办法，而这些办法，往往就能解决用户那些痛点。还是拿空调举例，大家夏天都离不开空调，可是一直吹空调也不好，容易得空调病，很多人尤其讨厌被空调直吹。于是大家喜欢在空调出风口挂上一块布或者拉上一个帘，我们看到有很多商家意识到这个商机，推出了防直吹防风罩，我看到淘宝上某一卖家的这款产品竟然有 27 万人已经付款购买，这就说明这不仅是用户的一个巨大痛点，而且是用户的一个普遍痛点。

发现痛点还有一个方法，就是去网上看差评。你没有看错，我说的是去看差评，我们要培养自己看差评的习惯。我总是和我周围的产品经理说：要多看差评，爱上差评。用户花那么多时间去网上给你差评，说明用户是多么不爽、多么着急。差评的背后往往就是你产品的问题、用户的痛点。小米大部分高管都有微博，粉丝数还不少，大家去看看，其实骂你的人很多，这些骂你的人中除了一些水军外，还是有很多真实用户的，他们在真诚地表达自己的观点和期望，哪怕是用骂的方式，只要他们说的在理，就是有价值的。我们已经养成了一个习惯，只要有什么想法或者研发了新产品，放到微博里去，听听用户的反馈，这些反馈往往很真实、很有价值！既然有这样好的平台，为什么不加以利用呢？

当然我也提醒大家，互联网是个鱼龙混杂的地方，大家要学会利用互联网，也要小心被“网络暴力”伤害。

回到用户痛点，其实这样的痛点比比皆是，我们生活中大部分产品使用起来都存在这样或那样的不方便：

多少人用牙齿开啤酒瓶？

多少男人刮胡子刮破脸？

多少人的腰带扣眼向前一个太紧，向后一个太松？

多少孩子总是把筷子掉在地上？

多少宾馆的马桶旁边没有放手机的地方，用户提裤子时只能把手机放在地板上？

多少家庭主妇被油烟机撞过头？

……

看到这么多堵心的问题，我们这些有“职业病”的产品经理，恨不得把现在所有的产品重新做一遍，让大家生活得更美好！

所以说找痛点其实并不难，只要认真观察生活、观察用户，你就会发现产品痛点无处不在。如果你是企业员工，从用户角度审核一下你的产品，就会发现自己的产品有很多地方存在“瑕疵”。

解决痛点，让用户觉得很贴心

发现痛点是第一步，解决问题才是目的。我们不仅要解决痛点，还要解决得很巧妙，要考虑解决成本。为了更好地说明如何解决痛点问题，我们通过一个案例来分析一下。

小米在2015年3月发布了一款插线板，当时引发了大家的讨论。那么当时小米是出于什么考虑研发插线板的呢？其实很简单，就是原来的插线板有很多问题，或者说有很多用户痛点。而且有些痛点问题还很严重。我们来看看插线板有哪些问题，我们又是如何解决这些问题的。

第一，插线板的容量问题。每个人家里都有插线板，不过都会遇到一个烦恼，那就是一个插线板明明有三排插孔，可是由于插孔之间的距离不够，或者插头太大，很难同时插三个插头。这个问题在智能手机出现之后显得更加严重，智能手机基本上每天都要充电，有些人有两部手机，两个人就有四部手机，同时给四部手机充电还真是个问题。传统的解决办法也很简单，就是把插线板做大，多做几排插孔，这个不是最好的解决方法，因为插线板太大了占地方，而且也不美观。小米想到一个解决办法，那就是插线板使用频率最高的是给手机充电，一方面手机充电器不好找，另一方面是手机充电标准基本上差不多——标准的 USB 5V 充电，占地方的主要是那个充电插头，如果把充电插头的功能直接做到插线板里面，用

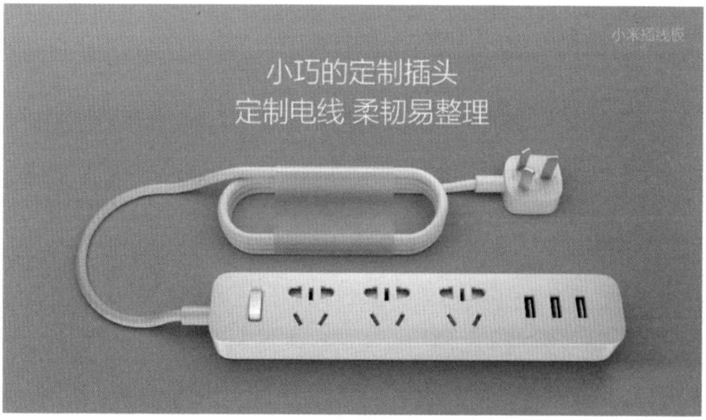

小米插线板

户只需要用USB充电线就可以了，这就大大节约了插线板的空间，同时也解决了用户到处找充电器的麻烦，可谓一举两得。于是，小米率先把手机充电器做到插线板里，而且一次性做了三个USB充电口，这样一个普通大小的插线板，可以同时充6部手机，对一般用户来说，已经足够用了，而且更方便。

第二，插线板的显示灯。用户一般会在晚上为手机充电，插线板上一般都会有一盏显示灯，显示插线板是开的还是关的。不过这个显示灯让用户最不满意的就是晚上睡觉的时候，显示灯就显得特别亮，而且一般显示灯都是红色，更加刺眼。有很多人睡觉时对光很敏感，有光就睡不着。怎么样既能显示插线板的开关状态，又不晃眼？小米的手机工程师出了个主意，手机也有一个显示灯，提示手机的各种状态，比如有短信、充电状态等。手机为了美观，一般都会采用呼吸灯模式，把它隐藏在面板下面。如果把这种办法应用在插线板上，不仅大大提高了插线板的颜值，也解决了显示灯太亮的问题。于是，我们的工程师把显示灯隐藏在插线板的开关里，同时把原来的红光显示改成白光，就不那么晃眼了。另外就是把灯

小米插线板
显示灯

光隐藏在开关里面，光线是透出来的，透多少是个问题，我们的工程师打磨了几十款不同壁厚的开关，然后在夜晚反复调试，一直调试到既可以看见显示灯，又不晃眼的状态，才终于把显示灯的问题解决。

第三，安全性问题。作为与强电相关的产品，安全性都毫无疑问被摆在第一位，这也是用户最关心的问题。插线板的安全性还真是个问题，市面上很多劣质插线板，很容易引起火灾。插线板的安全性包括三个方面：过载保护、短路、安全阀门保护。这三个方面一点都马虎不得。在过载保护方面，小米采用了国际上最好的乔日三合一过载保护开关，以防止插线板电流过载。短路方面需要做的是采用最好的传导材料，用最好的点焊技术防止焊接脱落。

用户在使用插线板时还有一个安全隐患就是插口。很多时候，当用户插电时插线板会冒出火花，甚至发出“吱吱”的声音，这不仅让用户害怕，也确实有很大的安全隐患。所以，小米在每个插口都配备了安全阀门，以保证插口不漏电。

第四，美观性。说实话，我们看到的一般的插线板都长得很

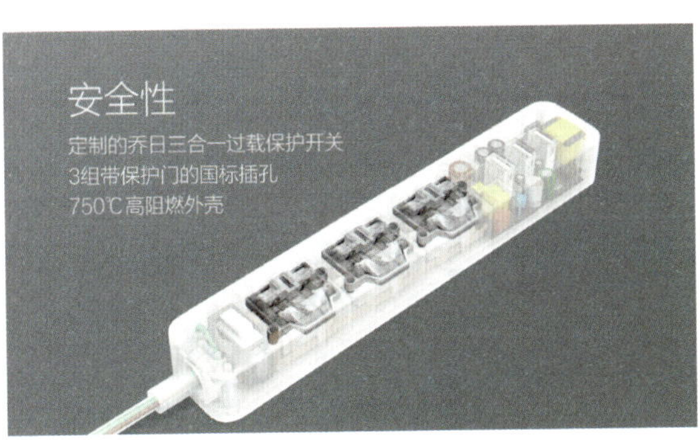

小米插线板的安全性

丑，可能大家觉得插线板反正放在地上，要那么好看干什么？但如果能把产品做好看不是更加让人喜欢吗？尤其是当我们给手机充电的时候，大多数人都希望把插线板放在床头柜上，那还是漂亮一点更好吧！于是，我们尽量把插线板做小做薄，不占空间。另外，小米插线板整个外观设计得很简约，白色外壳，看起来很干净。不仅外面，整个插线板内部也做得非常漂亮，像艺术品一样，与传统的插线板内部一比，一下就看出产品的品质高低了。

大家看看，一个简单的插线板，看似用户已经用惯了，其实还是有很多问题，有很多用户痛点。我们经过仔细研究，找出解决办法，最终做出一款漂亮、安全的插线板来。

当然，解决这些问题真的很不容易，需要工程师们具备精益求精的精神，小米为了做这样一款插线板，花了 1 年多的时间，耗费 1 000 万元研发费，确实很不容易。

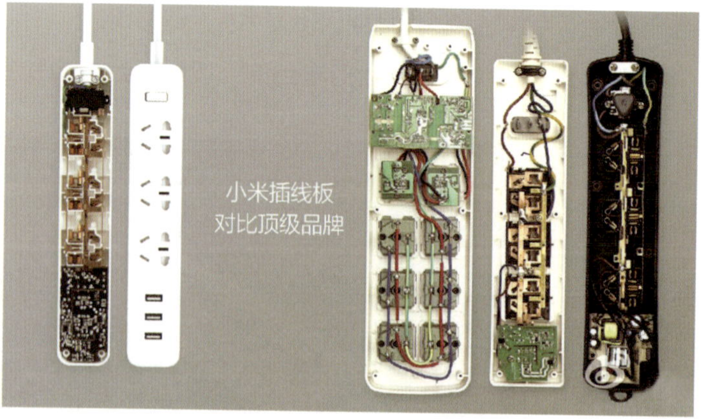

小米插线板与其他插线板内部结构对比

超过用户预期的产品，才会让用户尖叫

刚才我们讲述了如何解决用户的痛点。光解决这些痛点，对于用户来说还不够，还需要更好的产品来超过用户的预期。只有超过用户预期，让用户觉得物超所值，这样的产品才真正具备爆点。

我们来看看产品是怎样超过用户预期的，还是拿刚才讲的小米插线板来说。上面痛点的解决已经让用户觉得很贴心了，这个插线板还有一项功能很贴心，就是保护儿童安全。小孩子一般好奇心都比较重，又好动，有时候喜欢拿着东西到处捣乱，为了防止发生这种情况，有经验的妈妈在宝宝快出生的时候会用透明胶带把家里的各种插线孔堵住防止小孩触电。为了让孩子家长放心，我们在每个插孔都加上独立安全门，用户就算拿一根铁丝也是插不进去的，这样就最大限度地防止了孩子触电的危险。

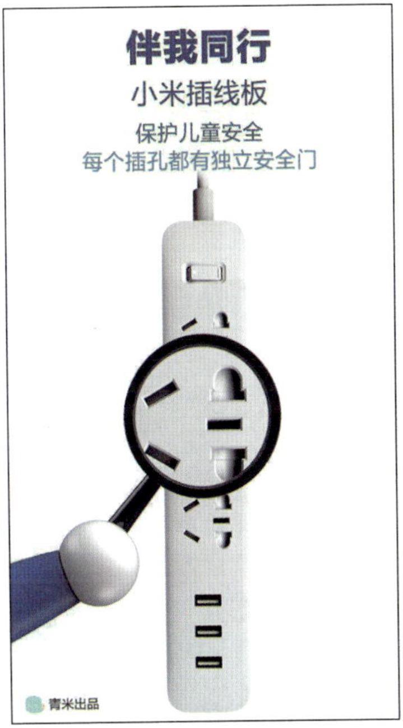

小米插线板的安全门

这个已经超预期了吧，还有一个超预期是针对 Pad（平板电脑）用户的。很多用户家里都有 Pad，Pad 充电需要时间长一些，于是我们在 USB 充电的时候能自动识别 Pad，提供 2 安培快

充，这对那些有 Pad 的用户来说真是一个很好的礼物。

有了这两个超预期，小米最后在定价的时候又给了用户一个大大的惊喜：这样一个高品质、安全性高又带有黑科技的插线板，销售价格竟然比市面上普通插线板还便宜，零售价仅 49 元！这是一个普通三孔插线板的价格，用户看到这样的产品，自然会尖叫起来！

所以，小米插线板的“尖叫时刻”是什么？好用、安全、性价比超高！

我们再来看看其他产品的尖叫时刻。米家智能门锁，围绕安全性做了一系列工作，活体指纹识别、C 级锁心（最高级别）、撬锁远程报警等 24 种安全方式，我们就是想让用户体验到“用了米家电子锁，安全交给我”的尖叫时刻。

小米手环，紧紧抓住用户测步、睡眠、闹铃三个痛点，设置

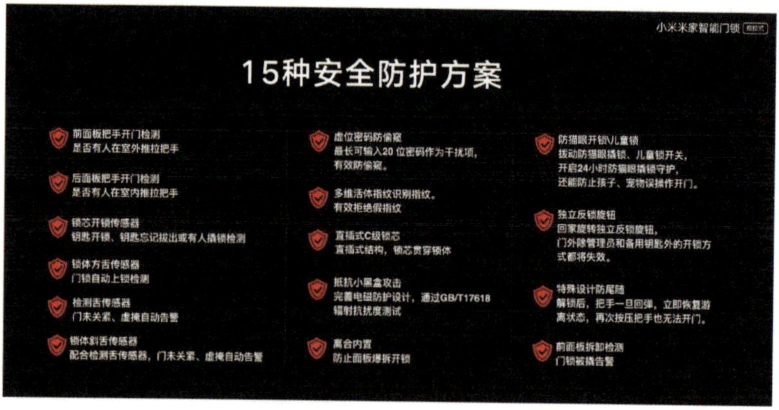

米家智能门锁的 15 种安全保护方案

了任务完成震动提醒这样一个功能，监督用户是否完成预定的步数。增加一个小小的功能的产品，让用户戴上就摘不掉。在用户预期方面，小米手环一次充电可以使用 30 天，远超同类产品的 7 天。更可怕的事情是，很多用户发现已经用了 60 天的小米手环还有电，这也让用户惊叹不已。这种防水、使用时间超长、任务完成震动设计，都是为了打造用户的一个尖叫时刻：“小米手环测步太方便了！”

小米平衡车也是一个远超用户期望值的产品，作为曾经几万元一台的极客产品，原来只有那些玩极限运动的人才愿意为这类产品买单。小米开发的九号平衡车，让 5 岁的孩子 30 秒就学会如何使用，远远超过大家的预期。很多人第一次站上平衡车，都会尖叫起来，它带给用户的尖叫时刻就是“最酷的儿童玩具”。

小米还有很多这样的产品，这些产品之所以成功，最大的原因就是找到了用户的“尖叫时刻”。

本章要点

1. 用大数据的方法分析爆品，可以帮助企业更客观地进行决策，当然数据不是万能的，还需要结合企业家本身的判断。
2. 数据是企业的核心资产，如果原来没有数据，那么就从现在开始积累数据吧。
3. 做爆品是有路径的，发现用户痛点，解决用户痛点，最终超过用户预期，产品自然就容易爆。

第6章

小米爆品的独特之处揭秘

守正出奇。

很多人很好奇，小米怎么能做出那么多爆品，有没有什么方式方法可以借鉴。那么，小米打造爆品的秘密到底是什么呢？其实，小米在很多场合都公开了这个秘密，就是四个字“守正出奇”。“守正”的是品质，把产品品质做好是做好爆品的前提条件；在保证品质的前提下，超出用户的预期，找到产品的创新点并完美解决用户的痛点，就是“出奇”。说白了，“守正出奇”还是紧紧围绕用户需求，打造出超过用户预期的产品。

守正的是品质，决定小米走多远

品质是产品的生命，也是公司的生命，产品品质的好坏决定公司能走多远。做爆品尤其如此。我们前面提到的很多爆品，不管多么炫、多么酷，技术多么领先，一旦出现质量问题，那么一切都等于零。我们在内部一直强调，就产品而言，我们就是一个制造业，需要尊重制造业的各种规律，也需要尊重制造业几十年、上百年来的一些规则，磨炼基本功，多向传统制造业学习，这是创新产品和创新公司最不该又容易忽略的东西。

品质的第一要素就是质量，爆品必须有高于标准的质量

质量问题其实是一个老生常谈的问题，可是很多企业还是在这个方面摔了跟头。尤其到了现在的互联网时代，变化越来越快，我们也需要用一些新的方式来对待质量问题。小米在2016年正式成立质量部，由雷军亲自抓这个部分。当时我们面临一个问题，就是我们的售后维修率其实很低，以电视为例，企业的平均维修率是2%，而我们已经做到1%。我们自认为做得还不错。不过，雷军却和大家说：虽然我们做到了99%，对企业来说已经很好了，可是对于不幸买到那1%的产品的用户来说，他们买到问题产品的概率就是100%。所以，雷军提出：我们能否把产品的合格率从99%提高到99.99%？这就是一个看待质量的态度：我们不能觉得自己比行业平均水平做得好就是不错，要从用户角度来看待我们的质量问题。再说，质量的定义不就是产品符合用户的需求吗？

小米质量宣传图

对于售后服务维修，我们也采用了大数据分析，将一些主要元器件纳入大数据跟踪，并将售后服务数据通过系统做到实时反馈。这个反馈很快就收到成效。有一段时间，

我们发现某款电视显示屏维修率出现异常，就迅速成立专家组，一方面分析已经发生的问题，另一方面直接找到供应商反馈问题，让他们和我们一起分析。供应商一开始很惊讶，因为这批产品刚生产不到 1 个月，正常来说出现这种问题需要 3 个月以上。由于我们数据的实时性，大家最终发现了一个产品隐患，马上进行了改进。在最短的时间把问题解决，大大降低了公司的损失，也降低了供应商的损失。我们的供应商发出感叹：我们还从来没有这么快解决一个这么大的问题，看来小米这套实时质量跟踪系统确实价值巨大。

影响质量的第二个因素是选择性忽略。我们做产品的时候经常会遇到一些小问题、老问题，问题多了，员工有时就习以为常了。这是产品质量很难真正提高的原因之一。那么，有什么办法能解决这些老问题呢？我们采取的措施比较简单粗暴，就是确定一个高于行业平均水平的指标，然后按照这个指标倒推，看看如何能够做到

小米提供 24 个月的质量保证

这个指标。这种倒推方法往往很有效。比如当时发布 Redmi Note 7 的时候，小米提出要提高小米手机的质量水平，并提出了一个业界新标准：提供 24 个月的质量保证！这比手机行业 12 个月的质量保证惯例整整多了一年。这背后就是对产品质量的考验，一旦质量不过关，后期维修成本将是巨大的。提出这个目标后，小米的所有环节都进行自省，保证不给整个项目拖后腿。目前来看，Redmi Note 7 质量非常稳定，售后服务并没有感受到太大的压力。这说明我们的整体质量水平得到了提升。

成本是能力，爆品必须保证相对成本优势

一般来说，品质和成本好像一直是同方向变化的，品质提高意味着成本增加，降低成本意味着品质下降，这就把事情简单化了。真正的爆品思维是如何在砍掉 50% 成本的基础上还能提高产品品质，只有做到这一点，才算真正具备了打造爆品的能力。

要想做到这一点，我们就需要学会新的降成本的方法，我们把这种新方法叫作“一减二降三透明”。

一减：减什么？减功能！降成本，首先要学会的就是减功能。我们把产品的所有功能罗列出来，然后按照用户使用频率以及重要程度进行排序。这个时候，我们往往有很多惊喜的发现：大部分功能普通用户基本不用。我们把这些功能叫作“冗余功能”，也就是没用的功能。既然用户不用，我们为什么还要留着它们呢？自然要砍掉！我们原来做产品的时候，往往靠营销话术打动用户，让

用户在某一瞬间产生冲动。其实，产品买回家后，那些功能一次也用不着。比如我们买的微波炉，上面有一堆功能，烧烤、杀菌、烘干等，我问过很多用户，大家基本上只用一个功能：加热！那么，其他功能是不是基本上没有意义呢？

有时候大家会觉得，其实产品多一个功能，成本未必会增加多少，所以能加一个为什么不加呢？万一某个用户想用这个功能呢？这个想法本身就是错误的！我们不能因为 1% 的用户需要去影响 99% 的用户的方便性。只要多一个功能，操作就会变得复杂很多。不这么做还有一个重要原因是只要多一个功能，产品复杂度就增加很多，出故障的概率也会增加，这些都是成本。所以，我们不能只看元器件的成本，而要看系统成本，这些成本累计在一起，是很多的。减掉一个功能远远不是减掉一个元器件成本那么简单！

二降：降什么？降标准！我想大家看到这儿都会觉得降低标准就是降低质量！其实，我这里说的降标准是降低那些没有实际意义的标准。我们不能在非核心功能上用力过猛！那什么叫非核心功能？就是对用户来说有些性能够了，过分用力没有太大的必要。这是我们很多产品出现的问题，也是降成本的最佳空间。

就拿小米电视为例吧。一直以来，把电视做薄是电视工艺标准的象征之一。于是在设计电视的过程中，我们不断挑战极限，最终做出了厚度仅为 4.9 毫米的电视。这个厚度是什么概念？就是比 iPhone X 还薄 30%，可以用薄如蝉翼来形容。从工艺上来说，我们确实挑战了电视工艺的极限。可是对用户来说，那么薄就真的有用吗？ 4.9 毫米和 5.9 毫米、7.9 毫米、9.9 毫米有什么本质区别吗？减少这 1 毫米的厚度会使产品成本剧增，难度系数加大，尤其是会使整个面板容易变形，售后服务成本也会成倍增加。而且这样的薄度对用户来说其实是没有意义的。我们做过测试，电视薄到 9.9 毫米的时候，用户已经感知不到了。所以，再在这个方向努力对用户没有任何价值，这就是典型的用力过猛。

除了这个，我们前面提到的插线板也曾经遇到过同样的问题。当时为了显示我们的能力，我们将插线板的大小和厚度做到极限，当然对模具、整个生产线组装工艺，还有对所有元器件的选择，也都出现了很多问题。其实，当时只要把尺寸放宽 1 毫米，整个成本就可以降低 10%。这 1 毫米对用户来说其实根本感受不到，对性能也没有任何帮助。那么为什么不放宽 1 毫米呢？这又是一个用力过猛的案例。

其实，这样用力过猛的案例比比皆是。我们看看那些包装比月饼贵的月饼盒、那些为智能而智能的家用电器等，都把大把的成本放在没用的装饰上，而忽略了产品本身的使用价值，这些成本就应该大幅削减。

三透明：透明就是把整个产品成本构成透明化。成本一般包括两个方面：一是产品本身的原材料成本和加工成本，二是产品的流通成本。把产品的原材料全部拆解出来，一个一个核对成本，往往会发现很多造成成本浪费的地方。这个方面日本企业以前做得非常好，它们很早以前就推行精益管理，将整个生产过程细分到每一个环节，以节约成本。以前的日本企业在谈采购的时候往往需要供货方把整个元器件的 BOM（物料清单）成本列出来，一个一个进行核对，然后再根据产品的加工复杂度支付合理的加工费。我们在谈代工招标的时候往往喜欢对方给出一个总价，谁报价低谁就中标。其实，这种方式不是很合理，我们需要知道每个元器件的采购成本价，这样才能知道真正的原材料成本。当然，要做到这么透明需要非常细致的工作。然而，要想做爆品、降成本，我们确实需要知道每个零部件的成本，甚至要知道加工零部件的原始材料的成本。

大家可能觉得我们这样做有些多余，不过我们确实用这种方法把产品的成本降了下来。当初我们在做耳机的时候，合作伙伴一开始给我们的报价是 300 元左右，这在正常耳机中已经算是很好的价格了。可是，我们要的不是一个普通价格，而是希望做到别人一半的价格。这可是一个巨大的考验！我们的合作伙伴直接告诉我们，不可能。为此，我们下到工厂，认真探讨每一个喇叭、每一根线材、每一个麦克风，甚至每一个螺丝钉的成本，还有包装的形式和材料。经过 1 个多月在工厂的浸泡，我们几个真正成了耳机原材料专家，在提升品质的前提下，成本降低了 40%，连我们的合作伙伴都惊叹：成本还可以降这么多！他们内部也把这个案子作为经典案例留存下来。这应了那句话：只要功夫深，铁杵磨成针。

除了原材料成本透明，还有一点就是整个运营成本透明。我们拿大家最熟悉的矿泉水来拆解一下，看看一瓶市场零售价 1.5 元的矿泉水，成本是如何组成的。（这些数据只是用来计算，各地价格略有差异。）

矿泉水价格拆解示例

费用项目	成本	占总售价的比例
零售店费用	0.5 元	33.3%
矿泉水厂商利润	0.2 元	13.3%
经销商费用	0.4 元	26.7%
瓶子、瓶盖、标牌等	0.17 元	11.3%
营运及广告费	0.22 元	14.7%
水	0.01 元	0.67%

不知道大家看到这个成本拆解后是什么感觉。我们花 1.5 元买的水，渠道费用（经销商 + 零售店）占总售价的 60%，原材料成本（瓶子 + 水）只占总售价的 11.97%，即使加上运营费用，也只占 26.67%。

这样的一瓶矿泉水，如果我们砍掉中间的代理商和渠道商，直接进行销售，那么成本可以降低 60%！如果再加上小米商业逻辑，矿泉水瓶的标签本身就是广告位，我们可以拿出来招商，每个标签卖 0.2 元，那么在保证质量的前提下，小米卖 0.5 元的矿泉水，依然有很可观的利润。

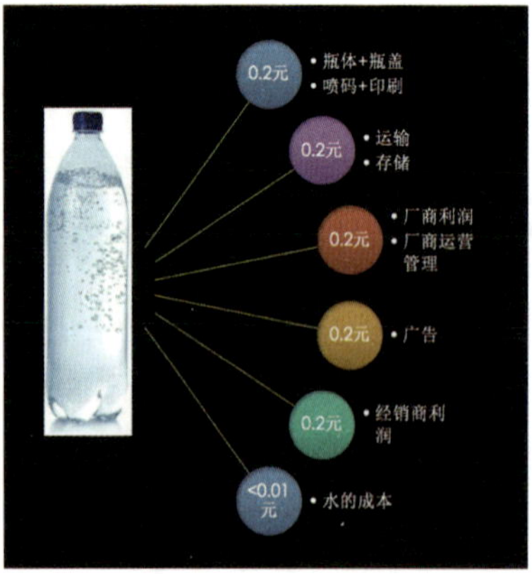

一瓶矿泉水的价格秘密

这样的案例还有很多，一般的知名化妆品，渠道费用占总售价的比例超过 25%，广告推广费用的比例超过 31%。

所以当把成本彻底拆解，我们会发现很多成本高的地方。其实，在实际商业中，我们最大的成本不是原材料成本和人员成本，而是渠道成本。只有把成本拆解清楚了，我们才能找到成本高的源头，也就知道如何下手。

前面讲了三个通过减法降成本的方法，还有两个非常重要的降成本方法，那就是做加法。做加法也是降成本的重要方式，那么具体如何做加法呢？

第一，增加用户能感知的成本。

做产品很有意思，很多时候用户能感知的成本恰恰是产品里面成本最低的。2019 年，小米出了一款签字笔，名字叫“巨能写”。这款产品最大的特点是“一支顶 4 支，超长顺滑书写”。这支笔大约可以写 5 万字，画线距离长达 1 600 米。也就是说，这一支签字

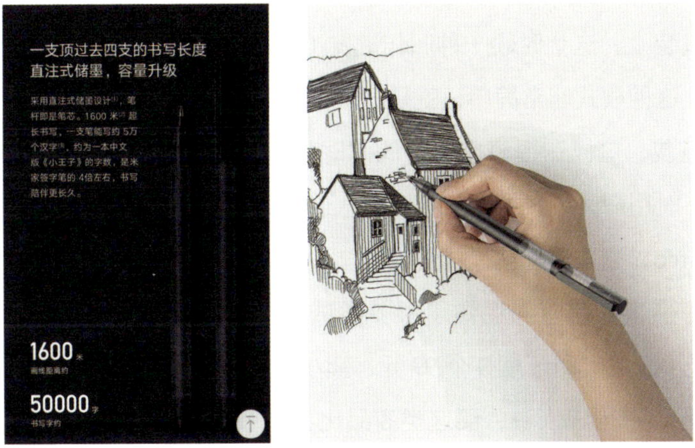

“巨能写”签字笔

笔可以写一本书了。为了让用户有更直观的感受，我们把这支笔做成透明的，用户可以看到里面有一支充满墨水的超大笔芯。这就是“巨能写”的秘密：这支笔的墨水是一般签字笔的 4 倍，自然就可以写 4 倍的字。用户觉得非常值，这支笔的销量也远远超过预期。可是就产品成本而言，其实墨水是整支笔中成本最低的部分，装 4 倍的墨水，成本基本可以忽略不计。这样做让用户感受到这支笔的价值确实是普通笔的 4 倍，可这支笔的定价还是 0.99 元，对用户来说就超值了。这就是典型的增加用户能感知的成本的例子。

其实很多产品都用到过这种方式，比如洗衣粉买 1 000 克加送 500 克，买牙膏多送 40 克，这些都广受用户欢迎。其实，洗衣粉、牙膏本身成本很低，加送一些成本不会增加多少，但是用户感知非常明显。

第二，用批发模式做零售，降低成本。

很多产品单价比较低，体积比较大，很多成本浪费在运输或者包装上，这个时候一种叫作批发（Wholesale）的模式就应运而生。这种模式非常简单，就是把几个产品打包销售，或者直接做成大包装，这样在提高客单价的同时，还能使每个单件成本大大降低，对用户来说也能享受到实惠。这方面最成功的案例就是美国的 Costco，它采用的就是批发模式。

小米在这方面也做了很多尝试，比如卖毛巾的时候 10 条装 169 元，卖电动牙刷 3 个 99 元，卖小背包 5 件 99 元，电蚊香 3 个 99 元。对用户来说，买这类商品比买单个的便宜很多；对商家来说，既提高了销量，同时还降低了成本，是一个双赢的好生意。

一根手机顶针的故事

除了“一减二降三透明”，还有一个与成本紧密相关的问题。成本是一个系统问题，不是某一个环节的问题，也不仅是采购、供应链的问题，甚至可以说，这些对成本的影响都不是最关键的。决定一个产品成本的核心是产品的策划、设计、研发。关于产品策划及设计，我们前面已经讨论了很多，比如砍掉没有用的功能、简化非核心功能等。其实，研发也是成本的重灾区。

小米在严抓产品质量的时候，有两个很好玩的小故事。有一个阶段，我们对整个手机的元器件进行质量梳理，这其中当然也包括成本梳理，结果发现一个小问题，就是手机那根顶针出了问题。出了什么问题呢？我们知道那根顶针主要是为了方便用户在买了一部新手机后，把原来的电话 SIM 卡槽捅出来。平常，在捅这个卡槽时，用户用得最多的是曲别针，当然有些男士还用牙签。但不管怎么样，这种东西应该很便宜。曲别针都是按盒卖，一盒几百个，也就几元钱，一个算下来也就几分钱。可是，当看到我们那根顶针的成本时，所有人都吓一跳：一元多人民币一根！怎么会那么贵呢？这其中一定是哪里出了问题！问题可能出在两个方面：一个是有人吃回扣，另一个是供应商太黑了。我们一直相信队友，有人吃回扣的可能性不大，那就问问供应商吧。

供应商其实也很紧张，尤其是知道这件事情是雷军亲自在抓。他们来到公司后解释道：他们其实基本不赚钱，因为这根针没什么利润。一元多的顶针没有利润？这不是供应商惯用的伎俩吗？我们让他们解释一下那为什么一个曲别针几分钱，而这根顶针却要一元多呢？供应商回答道：你们这根顶针厉害啊，里面含有几种稀有金属呢！我们就更纳闷了，一根顶针含稀有金属干吗？供应商说：你们的产品有一个检验标准——插 10 万次不能弯！

听到这个理由，我们所有人都惊讶了。这是什么标准？一根顶针，用户一般只用一两次，测试标准要 10 万次，用户没事干去拿这根顶针捅 10 万次手机？这不是瞎胡闹吗？！

这还真不是供应商的问题。我们请负责研发的同事一起研究这件事情，研发的同事也很委屈，当初我们开始做手机的时候，很多地方在学习苹果手机。我们很多地方采用的是苹果手机的标准，这根顶针就是按这样的标准生产出来的。这个时候，我们的供应商补了一刀：苹果手机开始确实是这个标准，后来因为太贵，就降低了标准；不过小米还是很厉害，你们几百元的红米手机用的也是这种顶针。这一下，我们真的哭笑不得！我们是要追求极致，不过这种极致对用户没有任何意义，它是一种成本的浪费啊！

小米手机的顶针

这样的故事在研发过程中还发生过不少。和这根顶针的故事类似的是螺丝钉的故事。做手机的时候，手机主板与手机外壳需要 12 颗小螺丝钉固定。由于手机很薄，所以那种螺丝钉很小。正常来说，这样的一颗螺丝钉也就几厘钱。可是我们在梳理成本的时候，发现这样一颗螺丝钉的成本接近 1 元钱。这颗螺丝钉是工厂生产的时候拧上去的，不需要像顶针一样反复使用吧。这颗螺丝钉肯定有问题。我们还是把供应商请到公司来，大家一起研究哪儿出了问题。由于小米抠细节出了名，供应商也非常重视，这次过来带了很多工具，其中有一个放大镜。当我们询问为什么这颗螺丝钉那么贵的时候，供应商朋友拿着放大镜对着这颗螺丝钉说：你们这颗螺丝钉真的很厉害！我们问到底厉害在哪儿，供应商说：来，你看，透过放大镜就能看到了！一颗螺丝钉需要透过放大镜看？我们已经把这颗螺丝钉捏在手里看好半天了。供应商朋友说：你们没注意，一定要用放大镜才能看清楚。我们一起把头凑过去，供应商说：你们看到了吗？每颗螺丝钉表面都有一个 MILOGO（小米标识）。我们所有人都惊呆了！这是什么天才的设计啊？这又有什么用啊？我们的工程师把极致和智慧用在这个上面，显然是用错了地方！

我相信大家看到这两个小故事的时候，会觉得我们的工程师太愚昧了！其实，还真不是他们愚昧，这是很多公司研发的通病。我们很多工程师总希望自己的工作能做出成绩，有值得炫耀的地方，可是如果他们忘了所有的工作都是为用户服务，是给用户带来价值，那这样的问题就总是出现。

所以打造一个产品，最好是从策划、设计、研发的环节就开始注重成本，要让公司每个人都有成本意识。因为一旦设计定下来、产品规格定下来、研发定下来，成本就基本固定了。我们需要梳理每一个环节的成本，看看是否存在太多对用户没用的成本，这样产品成本就是相对最优成本了。

售后服务既是成本，又是流量入口

对公司来说，售后服务也是成本。所以，虽然传统企业墙上写着“用户是上帝”，可是一旦交易完成，他们就希望和用户老死不相往来。原因很简单，只要用户来找你，基本上就是需要售后服务，这就意味着成本。不过从互联网角度来看，用户回头来找你，不也是一个很好的和用户再次打交道的机会，不也意味着流量吗？我们需要考虑的是如何才能利用好这样的流量。一个回头来找你的用户，如果你服务好了，就会得到很好的复购率。我们前面提到过，留存率提高 5%，销售利润就能增加 25%。所以，我们把售后服务做好，价值非常大。

在这方面，小米做了一个模式的创新。小米商城像一般电商网站一样设置了评论区，不过和一般的评论区不同，我们把它设计成了类似论坛的好玩的地方。用户喜欢吐槽，喜欢找各种奇葩的理由，那我们就因势利导，把用户的热情引导成流量。我们是如何做的呢？就是在用户的评论下面，我们的客服小妹妹经常“即兴”给用户来首诗。下面，我节选了一些客服妹子有意思的回复。

看看这些回复，是不是很有意思？这已经不是吐槽的场所了，而是一个交流娱乐的场所，很多米粉没事就来看看评论，或者为了

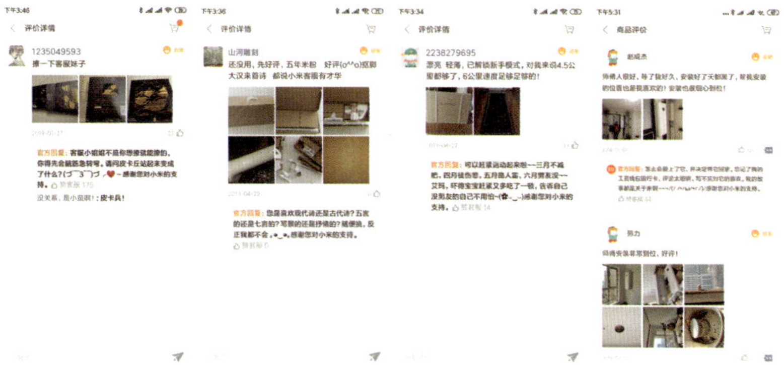

小米客服的有趣回复

“撩”一下客服妹子买一件商品。这种和用户之间的互动，让用户感受到一种不一样的体验。

现在，在电商产品网上，评论和评分也变得非常重要，它已经成为帮助用户决策的重要依据。很多人去餐馆吃饭，都会先去大众点评看看网友对餐厅的评论和评分情况；即使来到饭馆，点什么菜还要看看大众点评上网友的推荐。这是典型的社区电商，用户评价的好坏直接影响企业的效益。如何引导用户给好评，如何建立良好的口碑，已经成为企业重要的运营策略。

这就是我们说的守正，我们要把控好产品的品质。质量要保证，成本要优化，服务要变成流量，把这些做好了就是把内功练好了，这些是一个企业发展的基本条件。

创新是动力，决定企业飞多高

现在是一个创新的时代，我们的企业总是憧憬着各种创新，尤其是产品创新。不过，我们也不要神话创新。过去，我们总把发明创造当作创新，其实创新的本质是解决用户问题。你用别人没有想到的办法解决了用户的问题，那就是创新。创新没有什么好坏之分，只是看对用户有没有用。我们不要为了创新而创新。

那么，如何才能创新呢？我们找到一个方法，叫“三新”：新品类、新人群、新定价。

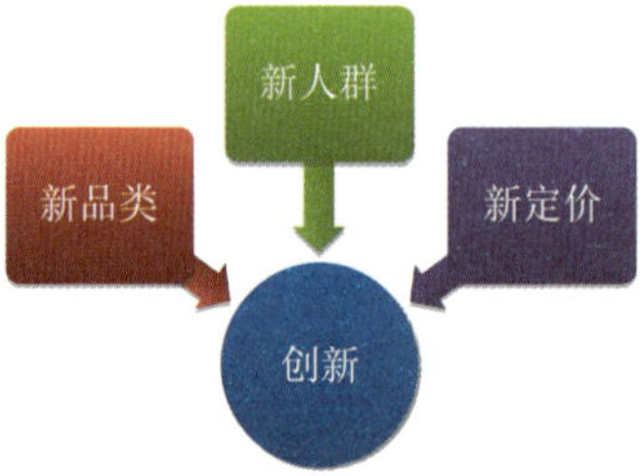

创新的“三新”

建立新品类，在红海中找到蓝海

说到新品类，大家可能会想到有一本叫《蓝海战略》的书，这本书曾风靡一时。这本书确实提出了一个很好的观点，那就是想办法寻找那些空白市场，这些市场无人竞争，因而更容易获得成功。

不过在现实中，蓝海很难发现，即使你发现了一个蓝海，由于信息流通高度发达，蓝海也很快就变成红海了。那么，在红海竞争中，我们能不能发现新的机会呢？如果某个市场已经是红海，那说明这个市场中提供的商品是刚需，没有需求的市场很难成为红海。如果我们在红海产品的基础上，找到产品差异点，而且这个产品差异点对用户来说有显著的特征，那么很容易就能给用户建立新的认知，从而建立一个新的品类，这就是在红海中去寻找蓝海的原因。由于这个领域更加广泛，因此我们的企业更有机会做出新的品类，而新品类更容易出现爆品。

做一个新品类很难，需要很好的时机。那么，这个时机通常出现在什么时候呢？我们总结了三点：技术出现拐点，市场出现拐点，产业出现拐点。

一般来说，技术出现拐点都会有一些标志性的事件。以人工智能为例。人工智能已经发展了几十年，为什么 2017 年突然火起来？一个标志性的事件就是 AlphaGo（阿尔法狗）战胜柯洁。这次事件让普通人理解了人工智能似乎已经可以“超越”人类，而从技术上来看，深度学习成为人工智能的一个技术拐点。这个拐点又将已经发展迅速的语音识别、远场语音等连接起来，于是出现了一类以亚马逊 Echo 为代表的智能语音类新产品。中国互联网厂商也迅速跟进，小米推出了“小爱”，百度推出了“小度”，阿里推出了“天猫精灵”……一时间智能音箱满天飞。有意思的是，这个市场上竟然都是互联网厂商，传统硬件厂商几乎没有抢到任何份额，原因是什么呢？其实最大的原因就是这次变革是由技术引导的，尤其是基于大数据的深度学习，这本身就是互联网发展的前沿技术，所以互联网公司更加敏感，更具有先天优势。

智能语音音箱出现以后，迅速成为一个新的品类进入大众的视线，而前几年发展迅猛的蓝牙音箱市场则遭到重击，呈现断崖式下跌。这是技术发展的必然。试想想，一个技术更好、交互体验更好、价格更便宜的智能语音音箱，自然具备更好的市场竞争力。如此一来，产品品类的更新换代就自然实现了。

这也意味着，随着科技的快速发展，这样的技术拐点越来越多，出现的频率也越来越高。很多新品类存活的周期也越来越短，音箱如此，相机如此，还有很多电子产品也都是如此。所以很多人感叹：买电子产品太亏了，一上手就过时。其实，这何尝不是一件好事呢？新产品、新技术不断出现，我们的生活不就越来越有意思吗？

除了技术拐点，市场拐点对新品类的推动也至关重要。2003年，当时如日中天的盛大网络准备涉足家庭消费市场，陈天桥开始了他的“网络迪士尼”梦想，我有幸成为这个项目的一员，带队研发“盛大盒子”。可以说，我们当时集中了国内嵌入式行业的顶尖人才，公司也投入巨资，再加上盛大的知名度、“陈天桥是中国首富”等光环，推出了盛大盒子，然而最终却没有取得成功。原因是什么呢？一方面，确实当时的政策不允许；另外还有一个很重要的因素是，当时的市场条件不具备。那时，网络宽带速度不够，网络点播内容不丰富，嵌入式操作系统不成熟，芯片处理能力不够，用户上网习惯也还在培养。这些最终导致了盛大盒子的失败。

然而到了 2012 年小米推出“小米盒子”的时候，虽然还是遇到一些政策上的障碍，但是毕竟已经有了市场规则，而其他市场条件也已经成熟，于是小米盒子迅速爆发，“盒子”也成为一个新的品类。

我们来看现在正在发生的一些事情。2017 年智能门锁开始崛起，2018 年开始爆发，这背后的市场推动力是什么呢？其实也是市场。随着物联网设备的普及，用户对家庭设备互联越来越习惯，而门正是一个家的入口，所以门锁智能化成为一个必然的趋势，同时指纹技术、物联网连接技术、芯片技术等的成熟，也催生了智能门锁的快速发展。用户打开门的时候，家里的灯自动打开，音乐自动响起，热水器自动开启，空调自动启动……这一切原来电影里的场景变成现实，自然吸引了很多用户。于是智能门锁作为一个新品类，迅速得到用户的认同。而在用户特别重视的安全方面，智能门锁更是具备传统锁不具备的优势，采用更好的 C 级锁芯，再加上防撬报警、远程监控、半导体指纹识别功能等，使得撬锁的成本比传统锁高了几百倍。很多用户开玩笑说：锁是否安全，主要看你家的锁是否比邻居家的锁安全。

我们可以这样说，随着 AIoT 这个大市场的崛起，一大堆 AIoT 新品类在最近几年会快速兴起，抓住这个大风口，会找到很多新品类。

除了技术拐点和市场拐点，另外一个拐点也很重要，就是产业拐点。如果我们说技术拐点会主动推动新的品类出现的话，那么产业拐点则是被动的。一个产业的兴起一开始往往是由技术或者市场驱动，当发展到一个阶段的时候，产品开始趋同，竞争进入白热化，这个时候最好的突破方式就是转型。以大家熟悉的电视机为例，20 年前的电视机有一次巨大的转型，就是 CRT（阴极射线管）电视转型为液晶电视，原因非常简单：液晶电视占用空间少，清晰度好！那时候海信抓住了那次转型的机会，大力推进液晶电视，建立起电视行业国内领头羊的地位。经过 20 多年的发展，液晶电视的清晰度从 640*480 发展到 720P，再到 1 080P，直到今天已经普及的 4K，用户需求得到更大的满足。现在一些厂商开始推清晰度为 8K 的电视，但用户的感知开始越来越不敏感，因为到今天为止，我们看到的大部分内容都还是 1 080P 的，用户觉得足够了，技术已经跑到用户需求的前面了。

这个时候产业面临很大的尴尬：一方面随着移动互联网的兴起，用户看视频更多用的是手机、Pad，电视机很久都不用，快要成为一个摆设了；另外一方面，传统电视台因为收视率下降、收益降低，就变相地植入各种广告，导致用户体验越来越差，年轻人除了看球，基本上远离电视。如果一个设备要被大家遗忘的话，那么这个产业的发展也就有限了。所以，传统电视机厂商一方面打起价格战，另一方面造出各种用户不买单的概念，希望能挽救可怜的业绩。

对这些电视企业而言，该怎么办？其实出路很简单，就是转型！而转型的最简单方式就是推出新品类。2012 年，小米推出的小米盒子打开了这扇门。既然用户喜欢在电视上看网络点播内容，那为什么不直接把小米盒子做到电视机里面去呢？于是，更多厂商开始投入到“智能电视”这个新品类的大潮中。

我们看到，转向智能电视这个新品类不是厂商的主动转型，而是产业发展遇到巨大困境后的被动转型。其实这样的案例还有很多。现在很多产业都已经发展了几十年，都面临着发展的瓶颈，比如空调、洗衣机、冰箱等大家电产业，还有开关、灯、垃圾桶等各种生活用品产业，其实竞争都极其激烈，都面临着转型，这个时候最需要的就是发现新品类。而发现新品类的最大机会就是转向 AIoT。

发现新的人群

我们的产品都是围绕用户开发的，用户喜欢的产品就是好产品。而对企业来说，用户却是一个最大的变量。今天，70 后、80 后突然发现自己老了，消费的主力军已经是 90 后、00 后。年龄只是一个表象，表象的背后是用户观念发生了变化。就以找工作为例吧：70 后、80 后更看重薪资待遇，而 90 后更注重内心的感受，希望结合自己的兴趣爱好找工作，所以他们认为第一份工作的公司比岗位重要；70 后、80 后一般在工作中任劳任怨，领导安排什么就做什么，90 后则更想做自己喜欢的事情，会明确表达自己的态度。二者在消费观念上的差异更大：70 后、80 后更关注产品的性价比、实用性；90 后、00 后则更关注产品的个性化，所以兴起了二次元、三次元、多次元，甚至二次元还分很多种，外面的人傻傻看不清楚，他们自己却分得非常清楚。

我们看到，人还是那么多人，不过是人群结构发生了变化。在原来信息不发达、不透明的时候，这些难以彰显威力。现在有了互联网，信息得到最大程度的释放，各种社群如雨后春笋般兴起，社群经济已经变成今天重要的经济形式。甚至可以说，现在很多产品最早都是通过社群经济发展起来的。小米就是社群经济的受益者。最早小米做智能手机的时候，大部分人还在用诺基亚、摩托罗拉的功能机。小米手机最早建立了手机论坛，论坛里面聚集了一大批对新技术、新产品感兴趣的人，我们把他们叫作极客。当时，小米做了一件让这些极客特别兴奋的事情，那就是做了 MIUI，小米做的 MIUI 可以刷到其他手机上，比如 HTC。由于 MIUI 的使用体验更好，又能根据极客们的要求快速迭代，于是很快在极客群里引起很大的反响。这些第一批智能手机的玩家最津津乐道的就是分享自己的刷机心得。有了这个基础，小米手机一推出，马上就得到极客们的高度认可。由于极客们在技术和产品方面的影响力，小米手机成了极客们炫耀的标志。小米那句“为发烧而生”更是把这些极客的热情推向了顶点。

有了这些极客的背书，那些对智能手机这个品类跃跃欲试的人有了信心，小米手机一货难求，出现了所谓的“饥饿营销”。这就是典型的社群经济。小米手机最初的成功，就是因为发掘了“极客”这个新的人群，从而实现小米手机三年冲上中国市场份额第一名的目标。

我们再来看看智能电视市场。上面我们提到移动互联网的兴起，用户看视频已经转移到手机、Pad 上，所以看电视的人越来越

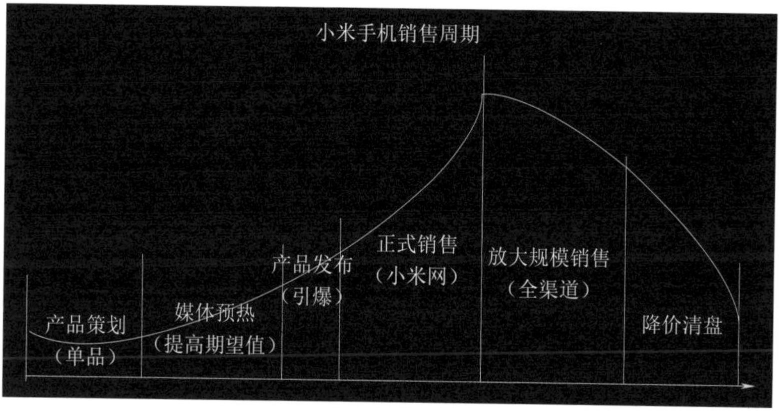

小米手机销售周期

少。不过从另外一个角度来看，我们发现年轻人群已经被互联网所影响，他们更关注网络内容，更习惯去爱奇艺、优酷、腾讯视频上看内容，对传统电视节目没有兴趣。其实，这就产生了一个新的人群，网络视频人群。于是，小米在推出智能电视的时候，直接喊出一句口号：年轻人的第一台电视。小米对这个人群的精准定位迅速得到年轻人的认可，小米电视成了年轻人买电视的首选。我们做过一项市场调查，在 45 岁以下人群购买的电视品牌中，小米超过索尼、三星、海信、创维，成为他们的首选品牌。

在智能手表市场，其实也发生了同样的事情。随着小米手环的兴起，智能穿戴设备开始迅速普及，在这方面，小米手环以其优质的性价比、超高的人气，成为中国市场的绝对王者。然而，就在其他竞争对手感叹已经没有机会的时候，一个叫作“小天才”的儿童手表脱颖而出，在儿童市场中占到绝对优势。它成功的最大原因就是人群定位准确，精准定位儿童这个群体，抓住儿童喜欢色彩丰富、使用简单的产品这个特点，同时了解到学校不允许孩子带手机，但是父母和儿童还需要一种沟通手段，于是小天才儿童手表受到了孩子们的欢迎。同时，儿童市场的另外一个特点也得到充分体现，那就是儿童市场有巨大的社交属性，孩子们在幼儿园、学校以及小区玩耍时，手上的手表成为一个重要的标志，所以小天才儿童手表发展很迅猛，抢占了儿童市场最大的份额。

随着90后、00后成为消费的主力，人群划分更加多维度，这也导致更多新型品类的出现。很多传统品牌针对年轻人喜欢“潮”的特点，对产品进行重新包装，老品出新花样，同样受到了年轻人的欢迎。五芳斋是百年老字号，它推出的粽子深受用户喜爱。为了吸引年轻人，它推出大量“网红款”粽子，与漫威、迪士尼合作，推出各种主题的粽子礼盒。同时，它还根据不同人群，推出了加班狗粽子、夜猫子粽子、佛系养生粽、中年油腻粽、健身美容粽等。一个老字号开始“不正经”，却得到了年轻用户的喜爱，大家不仅去买，还在朋友圈里狂晒，把它变成一种新时尚。

五芳斋的“网红粽子”

重新定价权

对一个新品类而言，要想获得认可，除了产品要具有特点外，还有非常重要的一点，那就是要掌握产品品类定价权。谁掌握了产品品类定价权，谁就掌握了整个行业的话语权。为什么这样说呢？因为产品定价是用户第一体验，用户购买任何东西，最终都会落到成交上面，这是整个交易最关键的一环。用户购买某一个品类的产品，一般都会有一个心理价位，这个心理价位不是由用户定义的，而是在这个品类出现时由某一个品牌来定义的。一旦这个价格成为用户的共识，用户就会以这个标准来衡量其他品牌。我们经常讲产品定价权一般不是掌握在企业自己手里，而是掌握在领导品牌手里。所以，在推出新品类的时候，一定要特别重视产品的定价权。

小米在做智能手机的时候，除了社群营销做得好，定价权也做得非常成功。当时，小米把智能手机定价在 1 999 元，这个价格远离苹果手机定价，符合大家对一个国产新品牌的认知，同时这个价格一旦被用户认可，其他智能手机就只能参考这个价格来定价了。你定价比这个价格高，就需要向用户解释你的产品为什么比小米贵，一旦某个价格需要解释，其实就意味着用户的不信任。1 999 元这个价格定得好，有三个方面值得称道。一是远低于苹果手机的定价，比苹果手机便宜一半以上。这就建立了一种认知：你买不起苹果手机，就买小米手机。小米建立了苹果手机之外的定价权，因为高端手机定价权已经被苹果抢走了。二是这个数字很好记，

1 999 元，后面 3 个 9，很好记。而且巧妙的是，虽然只比 2 000 元便宜 1 元，但是由于是以 1 开头，也会让大家觉得足够便宜。1 999 元比 2 000 元让用户听起来内心感受好很多，这是一个很好玩的数字游戏，用户比较容易接受。三是在这个价位只推出一款产品，没有推出系列产品。这是推出新品类的一个技巧，很多企业推出新品时往往推出一个系列，觉得总有一款适合你。而互联网公司喜欢推爆品，简单粗暴，用户也容易记忆，不容易混淆。价格方面也是，你记住 1 999 元这个价格就好，这就是国产智能手机的标准定价。

小米手机的价格

随着在各个领域的发力，小米在很多领域建立了定价权。当初小米盒子推向市场的时候，直接定价 299 元，导致市面上其他品牌都只能把同类产品定价在 299 元。即使小米自己，曾经推出过一款价格更低的定价为 199 元的小米小盒子，其销量也一直没有 299 元这款卖得好。原因很简单，用户觉得 299 元以下的产品可能会不好用。所以定价权一旦确定，自己也改变不了，因为它已经变成用户的一种认知。除了小米盒子定价 299 元，小米手环定价 79 元，小米耳机定价 99 元，小米充电宝定价 49 元等，这些几乎也都变成了行业的标准定价。

小米盒子定价 299 元

本章要点

1. 小米爆品的秘密其实就四个字：守正出奇。把品质做好是守正，不断创新是出奇。
2. 降成本不是降低品质，而是将对用户没有价值的功能砍掉，同时增加用户能感知的成本。
3. 创新必须有用，不要为创新而创新。
4. 在红海中找到蓝海是企业更需要做的事情。创建新品类有三个要素：新产品、新人群、新价格。

第7章

爆品的三高定律

三高定律适用于爆品，

更适用于普通产品。

爆品很好，那么如何做出爆品来呢？我们还是要回到用户本身，来看看用户喜欢什么，用户会为什么买单。

我们总结了用户愿意买单的三个理由。

第一，用户愿意为科技买单。新的技术、新的材料、新的工艺，科技的发展往往给用户带来很多不同的体验，用户喜欢新科技，也愿意为科技买单。我们看到很多的科技公司，无论是国际上知名的苹果、微软、惠普、思科，还是国内优秀的华为、大疆，都因为在某个领域有着尖端科技而让人敬佩，用户愿意为新科技、酷科技买单。

第二，用户愿意为时尚买单。时尚是永恒的话题，我们总说用户的口味在变，其实是时尚在变，时尚就是不同时代人们的不同喜好。那些把握住时代潮流，满足用户喜好的产品，就是时尚的代名词。不论是电子产品，还是家居产品、服饰类产品、化妆类产品，这些产品的流行，都是时尚在产品上的具体体现。用户都喜欢时尚、追随时尚，当然也就在时尚的道路上大把大把地撒钱。

第三，用户愿意为便宜买单。记着，我说的是便宜，不是廉价。便宜是相对的，是用户觉得便宜。用户都有贪便宜的心理，这和是否有钱没有关系。有钱人同样喜欢打折的东西，同样期望买东西的时候可以拿到一些赠品，谁也不想当冤大头。要不，奔驰、宝马 4s 店那些质量很差的行李箱、自行车、钥匙链送给谁呢？

这就是用户的喜好，用户愿意为这些东西买单。既然用户喜欢这些东西，那么我们做的产品就应该符合这些条件。所以，小米根据这三条确定了小米产品的三大定律，小米内部把它叫作三高定律：高科技、高颜值、高性价比。

高科技：科技不是噱头，要让用户感知得到

虽然我们刚才提到用户喜欢科技，但大家对科技不要有误解，不要把科技变得高大上。有些科技确实很酷，比如宇宙科学、基因科学、生命科学等，虽然这些科学可以改变人类的命运，甚至影响人类的发展进程，但离我们的日常生活太远。除了极其顶尖的科技企业，大部分企业的科技其实都是一些实用技术的创新。而这些实用技术的创新，又往往被企业包裹上了高大上的外衣，弄得用户云里雾里，搞不清楚。我们见过太多言过其实的技术包装了，比如：某企业在某领域取得重大突破，人类从此可以长生不老；某产品号称重新定义了未来十年的个人电脑。此外，还有很多什么量子养生衣、防引力波辐射服、能量自然疗法……别说普通老百姓，就是我们这些所谓的理工男，也完全不明白这些产品想说的是什么。

其实，真正的高科技不应该成为噱头，应该让用户听得懂。道理很简单，用户愿意为他听得懂的科技买单，不会为他听不懂的科技买单。从另外一个角度来看，用户都希望自己很聪明：如

果一个产品让用户觉得自己很聪明，那么它就是一个好产品，用户会很喜欢；如果一个产品让用户不会用，让用户觉得自己很愚蠢，那么这个产品基本上会被抛弃。

生活中有太多这样的案例。我们的很多产品最终的用户对象都是女士、老人，可是我们发现女士、老人一般都特别讨厌用新产品，尤其是电子产品。为什么呢？是他们不喜欢高科技产品吗？不是！是他们不会用。当你送一件自以为科技感十足的产品给女朋友的时候，女朋友心里是充满恐惧的，她怕不会用。不会用就会显得她很愚蠢，她不想让你觉得她愚蠢啊！于是，在这种情况下，你的女朋友通常会翻脸：你给我买这个礼物是什么意思？想让我出丑?！所以，对她来说，避免出丑的最简单的办法就是：我不用！老人在这个方面表现得更加突出，他们为什么拒绝新的知识、新的产品？不是他们不想用，而是他们不想在这个年纪还让人觉得他们什么都不懂。

在这种情况下，如果有一些新产品，学习成本很低，或者说根本就不用学习，那么这样的产品就非常容易成功。我们来看苹果手机。作为一款高科技产品，苹果手机为什么在那么短的时间就能爆发，尤其是那些商务人士、时尚女士，都喜欢用苹果手机？其中一个重要原因就是：苹果手机用起来太简单了！不管你翻到哪个页面，打开了哪个应用，当不知道怎么办的时候，直接按下那个“Home”键，一切回到原点。那一瞬间，你会觉得自己好聪明啊！我给这个给用户带来聪明感的按键取了一个名字——“聪明键”。一个电子产品是否能让使用之人感觉自己聪明，就看它是否有一个聪明键。有了这个聪明键，你的新科技就不再是用户的认知壁垒，而是打开用户认知的钥匙。有了聪明键，用户就会喜欢你的产品，就会为你的产品买单。

除了让用户觉得聪明，我们还需要让用户能感知这些科技。那么，如何让用户感知科技呢？我总结了几个有效的方法，帮助用户理解和感知。

科技数字化

数字可是个好东西，尤其是阿拉伯数字，几乎是全世界通用的语言，也是我们出生后除了叫爸爸、妈妈之外最早接受的语言。所以，用户天生就对数字敏感。那么，如何把科技的东西数字化呢？我们用几个具体案例来说明一下。

案例 1：一晚 1 度电

美的空调宣传图

我相信很多人对这句广告语耳熟能详。那么，这句广告语想告诉用户什么呢？一晚 1 度电，既没有告诉你省电，又没告诉你什么高科技，就在陈述一个事实。那么，它为什么这么吸引人呢？其实，这里面还有一个故事。

当时，美的推出了一款新空调，叫作全直流变频空调。所谓全直流变频空调，简单来说就是空调的电机随着温度的变化可以自动调换不同的转速，转速低了，自然就省电了，毕竟空调是耗电大户。其实在国内，最早研发这项技术并将其产品化的并不是美的，也不是格力，而是海信。海信是一家很重视技术的公司，该公司在很多领域都实现了科技领先，变频空调就是海信空调的一项重大技术创新。有了新技术之后，如何让用户感知到就变得很重要。最初，海信用的广告语是“海信变频专家”。虽然这是一个新的技术品类，但用户对“变频”这样的技术术语基本上是无感的，所以这个品类在整个市场上没有掀起什么波澜。后来，其他几个空调厂商也跟进这项技术，美的就是其中之一。当美的推出这款空调的时候，简单的一句“一晚 1 度电”迅速燃爆整个市场，变频空调也迅速成为空调市场的主力机型之一。用户不管你用什么技术，也不管一晚是否真的只耗 1 度电，只要觉得这样的空调采用了新科技，而且很省电，那就足够了。那时候，很多老人去国美、苏宁等电器卖场，当促销员问他们买什么空调的时候，他们告诉促销员：我就想买那一晚 1 度电的空调。可以说，这句广告语一下击中了用户的痛点：空调太耗电，晚上开空调舍不得啊！现在，一算一个晚上就耗 1 度电，才几毛钱，太值了！于是，每晚 1 度电等于省电，美的空调在那时候积累了很好的声誉，销量也非常喜人。虽然说美的的成功不能简单归结于这句广告语，但是在当时，这句广告语确实让很多用户愿意购买变频空调，大大促进了新科技的普及。

案例 2：充电 5 分钟 通话 2 小时

OPPO 手机宣传图

这句话应该是迄今为止手机行业最经典的一句广告语了。甚至可以这样说，很多人都是因为这句话才知道 OPPO 手机的。这句话为什么这么经典呢？因为智能手机自诞生以来，给用户带来了很多方便，但是也给用户带来一个巨大的烦恼：电量不够用啊。一旦手机没电，我们就会觉得全世界的人都会找自己，而事实上很多时候充完电，我们会发现一个电话、一个微信留言都没有。不过那不重要，重要的是我们焦虑。有一个调查显示，越是电话、短信少的人，手机没电的时候越着急：好不容易来个电话，万一错过了怎么办呢？于是，手机没电成了用户的心头之痛，各大厂商在手机电池上也花了很多精力。比如小米 MAX 手机，正常使用可以坚持两天。可是再长的待机也有没电的时候啊！于是，OPPO 抓住用户担心手机没电这个痛点，适时推出了这句“充电 5 分钟，通话 2 小时”的广告语，其背后的技术其实就是当时兴起的电池快充技术。

我们来看看这句广告语好在哪儿？好在两个描述时间的数字：5 分钟，让人觉得时间很短；2 小时，让人觉得时间很长。一长一短，给用户一个巨大的反差认知：这手机充电好快，正是自己需要的。我们来对比一下，小米在宣称手机快充的时候，用的是 27 瓦快速充电，虽然这也是一个数字，但是绝大多数用户对 27 瓦是无感的。

当然，OPPO 这句广告语也有取巧的成分。OPPO 说的是通话 2 小时，而不是使用 2 小时，为什么呢？因为我们现在用手机一般是上网、看微信、看视频、玩游戏，很少有人没事打 2 个小时电话，而上网更耗电。这也是这句广告语精明的地方。

这个案例告诉我们，技术数字化不是单纯的数字化，而是要抓住用户的痛点，用用户能感知的方式表达出来，建立新的用户认知。这样的数字化才有意义，单纯为数字化而数字化是没有意义的。

当然，在数字化方面，小米也做了很多尝试，有些尝试是非常成功的。小米手机刚刚推出的时候，其定位是极客用户。那么，如何用极客的语言表达小米手机很厉害呢？讲硬件、相机、MIUI，似乎都不过瘾、不够极客。小米推出了一个天才的创意——“跑分”。“跑分”是什么？就是测试手机系统性能的一个综合数字。手机好不好，就看敢不敢跑个分，跑分可以排名第几位？这一下就把极客们点燃了，跑分太极客了！一时间跑分的排名成了衡量手机好坏的标准。

小米向用户推出“跑分”的概念

那么，这么一个专业的词汇，为什么会迅速传开呢？其实，很多用户是不懂什么叫跑分的，但是他们能看懂一件事情，那就是跑分排名。他们虽然看不懂跑分，但是感觉这个词很专业，觉得跑分排第一的手机一定是好手机！所以，手机跑多少分不重要，重要的是排第几名。因此，各大厂商在手机跑完分以后，一定要加上一个跑分排名表，排第一名毫无疑问是最重要的。于是，在那个阶段的手机发布会上，公布跑分排名成了大家最期待、最有“话题”的关注点了。而安兔兔作为一家手机检测机构，也被舆论推向了风口浪尖。当然，作为最早的跑分推出者，小米也凭借跑分这件事情建立了良好的口碑和知名度。买小米手机不是低端，而是极客表现，是懂行的人的选择！

小米 9 的跑分成绩

一部手机性能好不好，用一个跑分数字表现出来，然后再采用用户最熟悉的排名法，让大家建立哪个品牌的手机性能好这个认知。可以说，这也是科技数字化的一个得意之作。

由于跑分这件事情对手机生产厂商太过重要，又没有真正权威的机构认定，最后被各大厂商彻底玩烂了，各家都宣称自己跑分第一。于是，今天我们再说手机跑分已经变成一种发布会的调侃了。

那么今天，手机怎么用数字评估呢？小米在这方面可谓锲而不舍。随着智能手机的快速发展，对手机品质的判断从当初的性能好不好，已经发展到现在的相机好不好了。大家可以看到，今天所有手机公司的发布会，几乎都成了相机发布会。一个小时的发布会，40 分钟以上都在讲相机。为什么大家这么热衷讲相机呢？因为相机已经成为用户判定智能手机好坏的一个“硬标准”。说来有趣，自从手机自带相机以来，它以迅雷不及掩耳之势颠覆了刚刚兴起几年的数码相机行业，这让那些相机鼻祖哭笑不得。因为手机相机

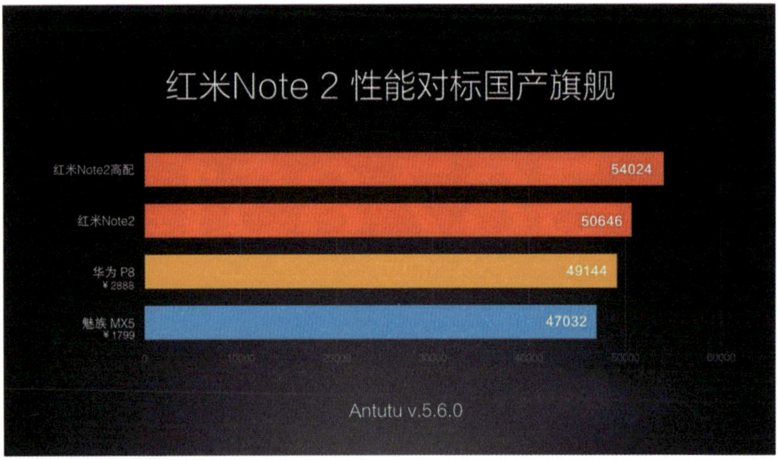

部分手机性能对标图

不走寻常路。我们原来选择相机好坏的标准一般是清晰度是否足够高，色彩还原度是否真实，照片层次是否丰富。简单说，相机的主要性能就是要还原真实！可是到了智能手机时代，相机的第一功能发生了巨大的变化：美颜成了手机相机的第一需要。谁家自带美颜好，谁家滤镜做得好，才是用户最关心的。一项不完全调查显示，自从手机自带美颜功能后，用户上传的自拍照翻了1 000倍。很多从来不自拍的人也开始了自拍之旅。自拍有多火，看看自拍杆卖得有多火就知道了。

手机自拍可以说是一个非常典型的颠覆式创新。哈佛商学院教授克里斯坦森在他那本著名的《颠覆性创新》里特别提到，很多颠覆性创新往往给用户提供一种更简单、更低价、更方便的新产品。手机相机虽然在清晰度、色彩还原度等各方面都不如普通的傻瓜相机，但是它的方便性彻底颠覆了整个相机行业。

可能很多用户心里还是有些疙瘩，总觉得美颜的东西不好，有点造假嫌疑。可是我们回到人性上想想，哪个人不希望自己变得美一些、帅一些呢？比起那些动不动就花几万元、几十万元的美容整形，拍个照片美化一下，不是既不伤害别人，又让自己高兴的最经济的事情吗？这样的事情何乐而不为呢？所以很多网友开玩笑说：假不假不重要，美不美才重要。在让自己变美这个事情上，每个人都有那么一点点自恋情结。

正是因为美颜对用户如此重要，自带美颜技术已经成为各智能手机新的竞技场，不论苹果、华为，还是小米，在这方面可谓不惜代价。小米专门成立相机部，同时还斥巨资收购著名的美图手机，就是希望在用户关注的这个领域发力。那么，到底应该怎么评价谁家的相机好呢？或者说，怎么样才能让大家一下就知道哪个手机的相机好呢？小米利用曾经的手机跑分方法，再次在业界率先推出相机跑分排名：相机好不好，先来跑个分。吸取了原来没有专业评测机构检验的经验，小米这次直接将全球相机权威检测机构 DXOMARK 的测评结果拿了出来。由于这家机构足够中立和权威，小米这次很快得到手机行业的认可，大家又争相开始了新一轮相机跑分大赛。

那么，小米 9 的相机跑分情况如何呢？“一般一般，世界第三。”大家可能会觉得，第三啊，你不是总说要争第一吗？第一当然好，不过技术积累还是需要时间的。那么，第三是个什么样的成绩呢？我相信大家看到第四是谁的时候，就知道获得这个第三名还真不容易。那么，第四名是谁？iPhone XS！这一下，大家心理平衡了，毕竟 iPhone 相机在大家心目中是好相机的标准啊！ 1 999 元的手机相机能超过 6 000 元以上的手机相机，是不是非常值了？所以，给大家看这个跑分的排名，主要是想对比一下 iPhone，有了这个基础，大家对小米 9 相机就有一个新的认知了。

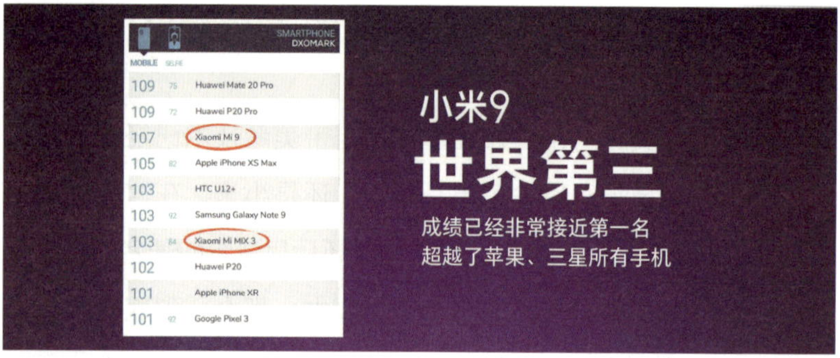

小米 9 的相机跑分排名

科技数字化不是简单的数字游戏，也不是拿一个数字放上去就有用。科技数字化有三个要素：建立用户认知，集中用户痛点，强化产品区隔。这样的数字化对用户才有意义，我们不能为数字化而数字化。

科技看得见

眼见为实，用户永远相信自己的眼睛。大家平时认为科技很遥远，看不见摸不着，但是对科技又充满好奇。所以，揭开科技的神秘面纱，把科技的东西赤裸裸地展现给用户，对拉近科技与用户的距离非常重要。

那么，怎么样才能让用户看得见科技呢？小米用了一个特别简单的方法：拆机！把用户平常看不到的产品内部结构及元件，直接拆开给用户看。

拆机有什么好处呢？其实，拆机一方面满足了用户的好奇心，让用户能看清产品里面到底有些什么；另外一方面，也向用户传递了真材实料的信息。我敢拆开把产品内部结构展示给你看，说明我不玩猫腻。

而另外一方面，拆机也能让用户实实在在感觉到科技的存在。我们讲一个小米盒子的拆机故事。在小米发布小米盒子之前，其实苹果已经发布过一款盒子，叫 Itv，只不过由于版权问题，在国内只能买到水货，但还是有很多人很喜欢。那么，小米盒子与苹果盒子相比，谁更好呢？我们也说不清楚，于是我们直接把两家的盒子拆开给大家看。下面就是两家的盒子拆开后的对比图。

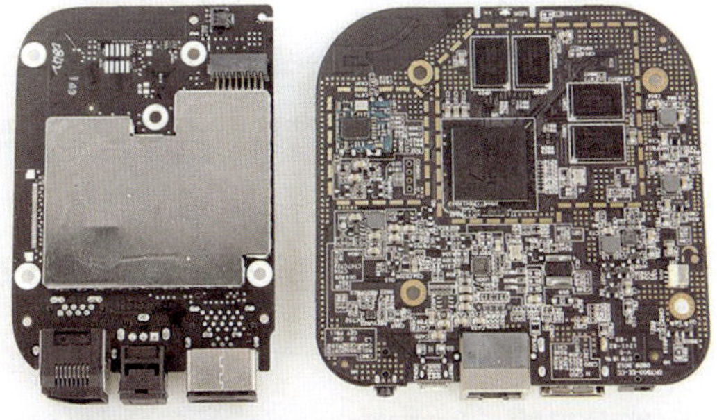

通过对两者主板进行对比，我们看到，在主板方面，小米盒子的主板比苹果盒子的主板要大35%左右。笔者猜测这可能是由于AV接口加入，需要更多的芯片/电容/线路的支持等。

苹果盒子与小米盒子拆机对比图

不知道大家看到这张图第一感觉是什么？大家是觉得左边的板子值钱呢，还是右边的板子值钱呢？估计很多人会觉得右边的板子应该贵很多，面积大了近一倍，上面还密密麻麻地布满了各种元器件，线路板设计还非常漂亮，大量的金色电子线路更让人觉得科技感十足。可实际上呢？左边是苹果盒子的板子，零售价格是 1 299 元左右（水货价）；右边是小米盒子的板子，零售价格是 299 元。大家在了解这个价格后，再看看这张对比图，会不会觉得小米盒子太划算了？

可能很多工程师会觉得，你这样比不公平，科技好不好不能只看线路板，还要看技术。我非常同意！但是我们回到用户角度看技术，有多少用户能看懂你产品的具体技术呢？如果我们能用一种方法让用户感知技术的美，这难道不是一种进步吗？

再换个角度说，我们有勇气把产品拆解开给用户看，至少也是一种诚信吧！有多少企业敢把自己的产品拆开给用户看呢？

为什么很多企业不敢把自己的产品拆开给用户看？一方面，很多企业偷工减料，真把产品拆开了，会让产品成本彻底暴露，那些靠科技来制造的营销噱头就站不住脚了；另外一方面，很多企业不能保证自己产品的内部结构做得漂亮。在现实中，大量电子产品内部的布线也好，结构也好，乱成一锅粥。内部结构做得很漂亮的产品，一定比那些内部结构做得不好的产品的技术含量高很多。工业界有一句话：好的产品一定是美的产品。能把产品做漂亮，也是技术能力强的一种表现。

曾经有一家公司，在小米盒子推出后，也想尽快生产一个类似的产品。一开始，它的工程师信心满满，不就是抄一个吗？结果他们折腾了一年，怎么也做不出小米盒子那么薄、那么漂亮的产品。老板问工程师为什么做不到，那些工程师最后老老实实告诉老板：我们的技术能力真的还达不到。所以，想把产品做漂亮，没有很好的基本功是不行的。

作为一家产品力很强的公司，小米必须通过各种方式展现自己的产品力，这种赤裸裸的拆机，其实也是展示产品力的一种很好的方式。这种方式也给用户带来了很好的科技感。此后，小米产品拆机成了一种常态。只要一出新产品，小米要做的第一件事情就是拆机给用户看。我们想告诉用户，我们做的不仅是一件电子产品，还是一件工艺品。

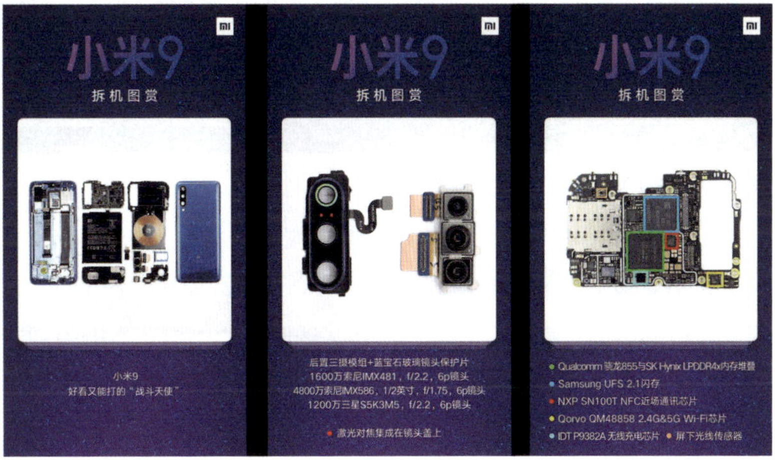

小米 9 拆机图赏

看看上面小米 9 的拆机图，那种高科技感跃然纸上。

你可能会说，拆机是专业人员干的事情，普通用户感知不到。为了让普通用户能感知，小米做了一个大胆的尝试——做了一款透明版的手机。当初透明版的小米 8 发布后，引起了巨大的轰动，很多明星都在晒这款手机。后来，小米 9 透明版同样受到了很多时尚人士的喜爱。这种透明版手机给人带来一种酷酷的科技性感。

两款透明版手机

其实，做这种透明版产品的鼻祖是乔布斯。当年，做 iMac 电脑一体机的时候，乔布斯就第一次做了透明版的主机。当电源开通的一刹那，整个电脑发出诱人的光芒，让设计师们彻底着迷。自此以后，苹果电脑正式成为设计师的标配。

其实，看得见的科技很多厂商都在使用，比如：为了说明产品防水，直接在现场把产品泡在水里；为了说明电视色彩好，特意拍那些色彩艳丽的宣传片。这些都是想直接告诉用户，企业在哪个方面技术很厉害。

拥有透明版主机的苹果电脑

我们也可以把科技看得见理解为科技可视化，可视化有三个要素：要显性，能让用户直接体验到；要能显示差异化，产品可识别度很高；要有格调，能显示产品的品位；要有内涵，让人充满好感。

科技摸得着

很多科技无法通过视觉来感知，但可以通过声音或者互动来感知。一个产品让用户摸一摸、碰一碰或者操作一下，如果能有意外的惊喜，就能一下打动用户。创造一些让用户摸得着的产品体验，也是一种非常好的感知科技的方式。

当初，小米在发布游戏笔记本电脑的时候，设计了一个龙卷风按键。这个按键想说明什么呢？主要想说明小米的这台电脑散热特别好。玩游戏的朋友都知道，电脑散热是游戏玩家最在乎的事情之一，一旦电脑过热，游戏速度就会变慢。有了这个按键以后，当觉得电脑过热的时候，你一按这个按键，风扇立马快速转起来，电脑的温度自然也快速降下来。把散热这件事情直接让用户感知到，得到了很多游戏玩家的喜爱。大家来小米之家体验游戏笔记本，第一件事情就是按一下这个按键，看看好用不好用。

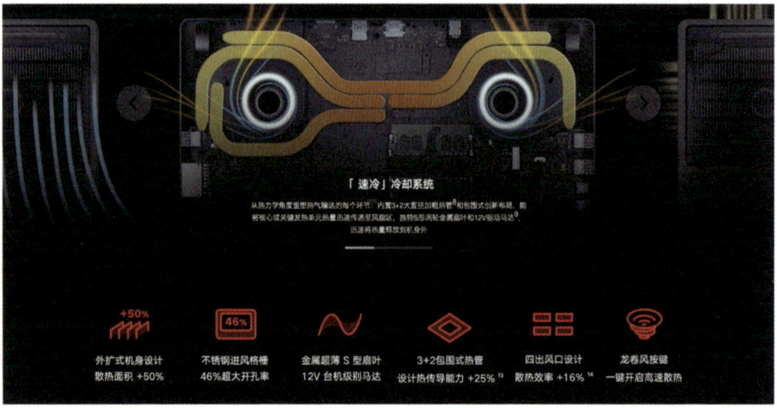

小米笔记本冷却系统

这样的例子还有很多，比如智能门锁。很多人听到“智能”两个字，就感觉不敢用，或者觉得很复杂。当初，鹿客出了第一把智能门锁，直接把用户的指纹做到把手上，用户使用的时候很自然地张开手指，就能把门打开了，比用钥匙开锁方便太多了。用户只要体验过一次，就再也无法拒绝了。

鹿客智能门锁效果图

要做出让用户没有抵抗力的互动，设计一定要简单，要使用户的学习成本很低；还要做到可靠，每次测试必须成功，一旦失败就会丧失用户的信任；还要设计得很有趣，用户喜欢互动，喜欢玩起来，不知不觉就被产品“种草”了。

产品拟人化

现在，用户对产品的需求已经从功能需求上升到情感需求，那些有性格、有个性的产品更加受人喜欢。我们在设计一个产品的时候，经常需要讨论这个产品的画像：用户群体的性别、年龄、性格、爱好，等等。大家千万别小看这一点，根据用户群不同，设计不同性格特点的产品，会很容易俘获用户。

小米有一款卖得特别好的产品，叫米兔智能故事机。我们采访了几个使用故事机的用户，他们的一致反应就是这个米兔故事机帮了他们的大忙。原来，很多父母很忙，晚上给孩子讲故事总是自己先睡着。于是，他们就用手机下载故事给孩子听，可是孩子听几次就不干了，还是要听爸妈讲故事。后来，听朋友推荐说小米出了一款米兔故事机，孩子们特别喜欢，他们买回家以后，孩子果然特别喜欢，晚上不仅要听故事，还要抱着米兔一起睡。为什么孩子不喜欢手机里的故事，却喜欢米兔里面的故事呢？其实，故事还是那些故事，只是因为这些故事是米兔讲出来的。对孩子来说，那是米兔在讲故事，米兔在孩子眼里是特别好的伙伴。孩子在听故事的同时，也爱上了米兔这个小伙伴。

米兔智能故事机

不仅儿童对这样的产品有强烈需求，成年人对拟人化的产品也有强烈需求。就拿小米小爱智能音箱来说，我们当初给它取名小爱同学，其实已经把它设定为一个虚拟人物。考虑到男性用户居多，所以我们把小爱同学定义成女同学。这个女同学年龄在 20 岁左右，声音甜美，性格温柔可爱，偶尔有点小调皮。正是具备这些特点，小爱同学一经推出，就得到了用户的普遍认可，有很多男生直接把小爱同学当作女朋友抱回家，没事和它聊聊天。这也算是产品拟人化的一个经典应用。

除了产品拟人化，我们还可以在很多方面给产品赋予情感，讲述产品故事也是一个很好的办法。用户都喜欢听故事，也会不知不觉被故事感动。讲好一个产品故事是产品经理的基本技能。在这方面，雷军就是个高手。当初，小米 4 手机发布的时候，雷军不走寻常路，给大家讲述了“一块钢板的艺术之旅”。故事的主角是一块奥氏体 304 不锈钢板，雷军用视频加 PPT（演示文稿）的方式讲述了一块钢板“百炼成框”的过程。小米 4 金属边框经过了 40 道制程、193 道工序，再经过锻压成型、8 次 CNC 数控机床加工打磨而成，这个过程真有点像唐僧历经八十一难去西天取到真经。当然，这个过程也是各种数控机床、机械手臂、精密仪器配合的过程，尽显生产工艺高科技。有了这么一层故事铺垫，大家对拿到手的小米 4 爱不释手，毕竟这块钢板来之不易啊！

大家看，一块普通的钢板，经过一个故事的渲染，立马变成了一个艺术品，拿到手的用户自然而然被故事感染，同时也会不自觉地想拥有这样一部手机。这就是故事的力量，也是拟人化的魅力。

我们讲产品拟人化，讲要学会讲故事，其实是为了给用户搭一个使用场景。如果用户到了某个场景就会想起我们的产品，那这个场景化就是非常成功的。而要做到场景化，就需要有代入感、真实感、新鲜感，这样用户才会记忆深刻。

以上就是我说的如何让用户感知高科技。我们一直强调科技的力量，也希望能有更多的高科技、黑科技应用在我们的产品上。在应用这些科技的同时，我们也要思考如何才能让用户感知这些科技。只有让用户感知到，用户才会买单。让用户感知科技，是我们做好爆品的第一项基本功。

颜值就是正义，好的设计就是生产力

我们都说今天的主流经济是颜值经济，这是消费升级的必然趋势。今天的时代已经不是物资极端匮乏的年代，而是供给过剩的年代，用户对产品的需求从有没有进化到美不美，家具、电器，甚至饮食都是这样，我们真的走进了“秀色可餐”的消费时代。看看我们身边发生的变化，我们去饭馆吃饭，首先看的不是味道怎样，而是“卖相”好不好，因为大家吃饭之前一定要先拍照。如果今天上的菜没有引起大家的拍照欲望，那么这家饭馆基本会被吐槽，更可怕的是，我们会把不好的感受发到朋友圈，去大众点评给差评。不用多久，这家饭馆估计就门可罗雀了。

我们不要去抱怨用户的口味发生变化，也不要抱怨那些小鲜肉动辄几千万甚至一个多亿的粉丝，今天就是一个“看脸”的时代，颜值变得越来越重要。颜值是什么？颜值就是流量！我们把产品做美了，产品自己就有了流量。一个漂亮的产品，谁都愿意炫耀，也愿意推荐给身边的朋友。所以，好的设计不仅仅是看起来漂亮，还能带来巨大的流量。

好的设计一定是美的，美的东西一定要有标准

既然外观很重要，那么把外观做到什么水平才算是美呢？我们经常说，设计是仁者见仁、智者见智的事情，其实事实也如此，美是有标准的。人美不美有标准，产品美不美也有标准。那么，这个标准是什么？对于工业品来说，世界上有四个权威的奖项，分别是 IDEA①、IF 设计奖②、Red Dot③、Good Design④。虽然这四大奖项各有侧重，但是在很多方面是相通的。由于这些奖项评奖标准很严格，获奖率很低，能获奖的都是产品设计的佼佼者。这些奖项的获奖概率只有万分之几。所以，很多公司获得一个设计大奖，能宣传一整年。可我们看看小米的成绩，仅到 2017 年，小米就已经获得了几千项大奖，其中竟然还有几百项国际金奖。可以这么说，在中国的产品界，小米获奖数即使不是第一，也是前三。一个成立才

---

① IDEA，美国工业设计优秀奖。——编者注

② IF 设计奖由德国历史最悠久的工业设计机构汉诺威工业设计论坛定期举办。——编者注

③ Red Dot，即红点奖，由欧洲声望最高的设计协会创立。——编者注

④ Good Design，日本优良设计奖。——编者注

几年的公司，为什么能获得如此多的国际设计大奖呢？

一方面，小米公司对产品设计确实特别重视，我们坚信产品设计是产品的重要因素之一。小米有很多出色的设计师，他们对产品设计理解得很深。另一方面，小米对四大工业设计奖足够重视。我们做产品当然不是为了拿奖，但是设计师按照四大工业设计奖的标准来设计产品，肯定没错。这在无形中也给设计师定了一个设计产品的标准。有了这个标准，做出来的产品自然不会差。小米对所有的产品设计要求都很高，哪怕是单价低于1元的签字笔、干电池，设计师也一样投入了巨大的精力。我们力保小米出品，必属精品。

产品设计仅有标准还不够，还要有自己企业独特的设计语言，而且这种设计语言要易于被用户识别。简单说就是，每家企业都应该有自己的设计基因。有了这个设计基因，用户就很容易识别这是谁家的产品。在这方面，很多公司做得非常出色，苹果是这方面的杰出代表。你无须看苹果的标识，就知道那就是苹果产品；这几年兴起的戴森，可以说成了小家电之王，而它的独特设计也让人一眼就能识别。除了这两家品牌，像宜家家居、MUJI（无印良品）等品牌，也都非常有自己的特色。这种特色对品牌来讲非常重要，如同一个人的外表，是用户对它的第一印象。

在这方面，我们的很多优秀企业还有很大的提升空间。很多企业已经发展几十年了，产品也卖出去几千万元，甚至几亿元了，可是如果把产品标识去掉，没人知道是谁家的产品。也就是说，产品同质化太严重了，各品牌的产品几乎没有自己的个性，这样的品牌很容易被用户忘记。我们讲一家企业如果没有自己独特的设计语言，基本上可以认为这家产品的设计是失败的。

在这方面，小米做得非常不错。随着小米生态链的快速发展，小米产品家族群不断扩大，这些产品还保持了统一的风格。之所以能做到这一点，是因为小米已经形成了自己独特的设计语言，小米内部把它叫作“MI Look”。小米的设计风格一般都以白色为主，再配上一点功能显示：整体造型也力求简洁，直线条居多，很少做异形；边角部分一般采用圆角设计，显得圆润舒服。小米有一款米家台灯，可以说是米家设计的典型：一个圆盘底座，一根白色直线支架，一根白色扁平的直线灯管罩，造型简单大气。有意思的是，支架和灯罩之间裸露了一根红色的电线，让人一看就忘不掉。据参加评奖的同事说，这盏台灯就是因为这个裸露的红色电线设计，获得了当年红点最高奖——金奖。当年有一个欧洲评委看到这款产品大为赞赏，她总结小米的设计语言是：性冷淡中有点骚！这句话简直太到位了，小米的设计确实有这个特点：整体设计上喜欢冷色调，以白色、灰色为主，但是在灯光显示、性能显示方面又大胆采用鲜艳的颜色，比如小爱同学顶部周边一圈的显示灯、小米平衡车启动后闪亮的灯光、小米净水器高饱和度的蓝色提示灯……这些设计不仅给整个产品赋予了灵魂，同时也让用户有了非常清晰的体验，让用户快速了解产品的工作状态。所以，我们说好的设计不仅是漂亮的，而且是有用的。

小米产品图

关于小米设计，还有一点不得不说，那就是设计必须与产品定位相匹配。我们刚刚提到小米的边角设计大部分采用圆角设计，可是苹果的设计一般喜欢直角设计。两种设计各有千秋，直角设计显得高冷、硬气，符合苹果电子产品的高端个性定位，而小米产品圆润舒适，比较符合普适原则。此外，小米采用圆角设计，还有一个不为外人所知的原因：这么做其实与成本有关。小米的产品追求高性价比，那么在设计的时候也必须考虑成本因素。一般来说，直角设计对工艺要求更高，很多时候都需要精密切割，这会使成本高出很多。而小米采用圆角设计，这符合一般的模具设计，在制造工艺和产品加工上简单很多。同时，小米大部分产品采用直筒设计，少用其他设计，这也减少了模具和工艺的复杂性。小米这种极简式设计，既满足了用户在美学方面的需要，也满足了工业化大生产快速复制的要求，而且最重要的是，还能有效控制成本，可以说用心良苦。这种设计值得同行好好学习。我们经常讲，好的设计不是一味追求个性和异形，还必须考虑成本和用户体验。一个不懂得工艺的产品设计师，一定不是一个合格的设计师。

有设计标准，有自己的设计语言，对于设计师来说其实是很幸福的，小米的设计师再也不用天马行空去设计产品了。只要仔细了解产品定义、用户对象，再按照小米的设计标准，设计出来的产品就不会差。当然，我们不是否定设计师的创造力，对于商业化产品来说，设计师能大批复制也是核心竞争力。小米设计师更多做的是命题作文，有了提纲、有了格式，再加上设计师的设计灵魂，产品设计相对来讲就好很多了。

简洁不简单，少即是多

把产品做漂亮，除了要有好的设计师和设计语言，还有一个重要因素，那就是产品经理。为什么产品经理可以影响一个产品的外观？很大一个原因就在于他们知道如何在定义产品的时候做减法，把用户不需要的功能砍掉。如果一个产品在定义的时候充满“贪念”，什么都想要，那最后做出来的产品哪项功能都不好用，也增加了很多设计难度。前面我们提到，我们生活中有很多产品在设计上有值得推敲的地方，比如洗衣机，面板上有近 10 个按键，其实用户大多数时候只用快洗；家里的微波炉也是，上下两排按键，可用户基本上只用加热键。按键多了，不仅增加了用户的选择成本，也加大了设计的难度。所以学会做减法，是做好设计的第一步。

以小米空气净化器为例，市面上的空气净化器一般有近 10 个功能，所以面板上密密麻麻一堆按键。这么多按键，任何一个工程师看了都会头疼。

小米决定在设计上做大胆的尝试，有没有可能在空气净化器上只保留一个按键呢？方法只有一个，做减法。首先，将一些不必要的功能减掉，比如纳米水离子模式、加湿模式等；再想办法把一些风量控制、睡眠控制等改为传感器自动控制。当空气质量不好的时候，空气净化器就采用强力净化；当空气质量达到良的时候，就采用中速或者低速运转；当空气质量达到优的时候，就自动进入睡眠状态。运转速度由传感器控制后，就不需要用户人工干预了。最后减下来，我们惊喜地发现，其实一个按键就可以解决所有操控。这对用户来说简直太方便了，只要接通电源，按下开关后，空气净化器就可以根据你家里的空气质量情况自动决定运行状态。用户省心了，设计师也高兴了。他们根据产品经理的设计，拿出了特别简洁的设计图。很多用户，尤其是老人买小米空气净化器的原因，就是其外观很漂亮，操作很简单。在这个案例中，产品经理对产品设计起到了至关重要的作用。

像这样给产品做的减法，其实对很多产品都适用。当年我在设计智能电视的时候，一直希望简洁再简洁。不过，电视遥控器上那个数字键实在太难设计了，怎么设计都难看。最后，我建议直接把数字键拿掉。这一下可是挑战了所有传统电视的设计者，他们坚持认为很多人已经习惯用数字键来选择频道。那么，用数字键换频道真的更方便吗？我在软件交互方面做了大量设计，把频道画面显示在屏幕上，这不是比用数字键更方便吗？于是在我的坚持下，智能电视遥控器第一次拿掉了数字键。后来用户的反馈证明，用户更

只有一个按键的小米空气净化器

喜欢在屏幕上选择频道。很快，各大电视机厂商纷纷把遥控器的数字键拿掉，这也算是我为电视行业做的一点点小贡献吧！

当然，最终做到极致减法的还是小米电视遥控器，它也成为各大智能电视厂商模仿的对象。

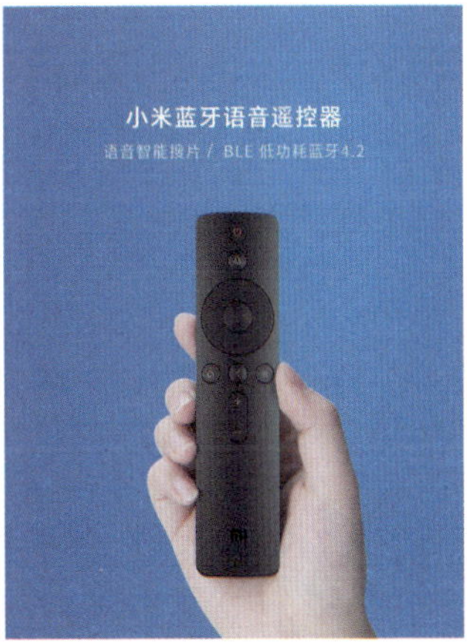

没有数字键的小米电视遥控器

为产品设置一个“聪明键”

我上面提到，小米空气净化器设计把所有的操控简化成一个按键，给用户带来巨大的方便，我把这种设计叫作“聪明键”。

为什么叫聪明键？其实这是一种基于用户心理的定义。我们知道，当一个产品设计很简单的时候，用户在使用过程中的感受就是觉得自己很聪明。我们说，让用户觉得自己聪明的产品一定是好产品。市面上的很多产品，用户拿到手后往往不会使用，拿着说明书折腾半天也不会用，这会让用户觉得很烦躁、很苦恼，甚至怀疑自己的智商，觉得自己怎么这么“笨”呢？一旦出现这种心理，用户往往会放弃使用这样的产品。试想一下，一个用户怎么可能喜欢一个让自己觉得自己“笨”的产品呢？最近，我们公司换了一台“高级打印机兼复印机”，号称“智能打印机”。有一天，我需要复印一下身份证。好家伙！一个很大的液晶屏上，密密麻麻地显示了各种状态。我，一个理工男，一个技术控，在这个液晶屏前开始了挑战，各种调试，各种测试，花了将近半个小时，放弃了。这哪是打印机啊，简直就是来测试大家智商的。我问周边几位同事谁会用，他们都对我摇头苦笑。

我相信这样的产品生活中有很多。那些让用户觉得自己“笨”的产品，不是用户笨，而是产品太笨了。为什么就不能设计得简单点，让用户觉得自己聪明呢？我们来看一些聪明的设计。比如苹果刚推出智能手机的时候，那个巨大的 HOME 键深受大家喜欢。不管你在使用哪个 App，不管你在干什么，当觉得有问题的时候，你只需要按下那个 HOME 键，手机立马回到首页。在那一瞬间，你会觉得自己是多么聪明啊，因为自己会按那个 HOME 键。这也是当初大家觉得苹果手机特别好用的一个重要原因吧。

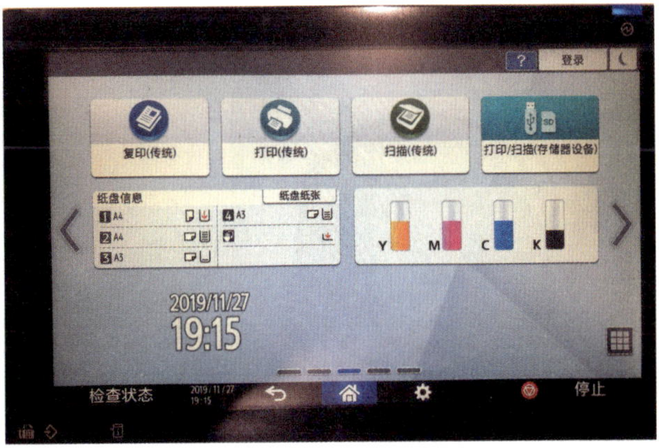

操作复杂的打印机

苹果手机的 HOME 键

除了苹果手机，其实很多产品也都有这种聪明的设计。比如汽车上那个巨大的启动停止键，按键设计得非常大、非常显眼，而且在令驾驶员非常舒服的操作位置上。驾驶员一上车，踩着刹车按下那个键，车就启动起来了。对用户来说，这简直太简单了！

汽车启动停止键

为什么大家喜欢聪明键？因为操作很简单，没有选择的选择就是最好的选择。所以，我建议大家在产品设计时，想办法设计一个聪明键，让用户在任何时候都有一个最简单快捷的使用方法，这样的产品一定会让用户喜欢。

细节是魔鬼

要想设计出一个好的产品，除了要有设计标准、设计语言以及很好的产品定义外，细节设计也是不可忽视的。虽然不能说细节决定成败，但是细节确实能提高整个产品的格调。我们经常说产品会说话，其实很多时候就是指产品的各个细节。是否用心设计产品，都体现在对细节的把握上。我们还是以刚才提到的空气净化器为例，来对比看一下。

小米空气净化器与其他空气净化器的对比

为什么左边的那些空气净化器看起来黑乎乎的，特别丑陋，而右边的小米空气净化器那么漂亮？除了外观设计外，还有一个很重要的原因，那就是进风口细节设计。很多产品在设计的时候都忽略了美观这件事情，尤其是对于散热口或者进风口，其实这是影响产品外观非常重要的部分。就拿空气净化器进风口来说，为了空气净化质量好，就需要尽可能多的进风口，因而进风口的设计就成了影响产品美观很重要的因素。当初，为了把进风口设计好，在保证空气进风容积的同时保证美观，小米的工程师们针对 5 730 个进风孔，做了大大小小不同直径进行测试。小米测试的进风口直径有 3.9 毫米、3.5 毫米、3.3 毫米、3.0 毫米、2.5 毫米、2.0 毫米，最后发现 2.0 毫米是保证进风口进风容积的极限，同时还能保证外观漂亮。所以，我们最后采用了进风口直径 2.0 毫米的设计。

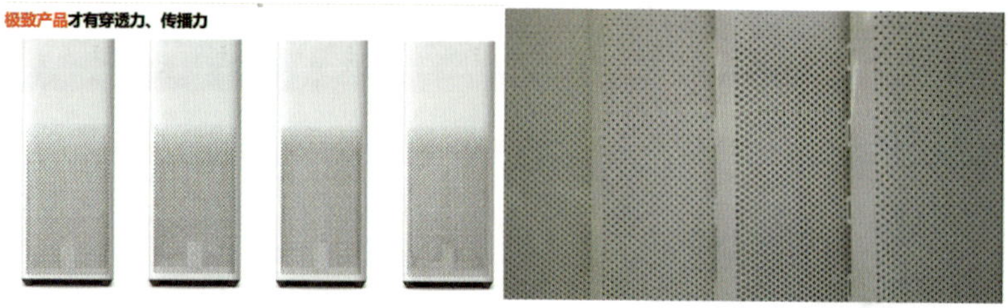

小米空气净化器各种直径的进风口

大家看到，仅仅设计一个进风口直径的大小，就花费了这么多心血。当然，最后大家看到小米空气净化器的时候，觉得很漂亮。

这样的设计细节还有很多。小米电视有一个设计，也是花了很多心思，这个设计就是电源插头设计。我们知道，一般的产品电源插头都很容易被忽略，所以很丑。不过，从用户体验的角度来看，所有用户能接触到的地方都是用户体验，而电源插头是用户使用产品的第一步，所以一个漂亮的插头会影响整个产品的调性。小米在设计插头的时候考虑了两点：（1）尽量设计得小一点，因为一般的电源插头设计得很大，插线板插上插头后，另一个口就不能用了；（2）设计得整洁光滑，让整个插头看起来高端大气。用户一拿到这样的插头，就会觉得整个产品是精致高端的产品。这就足够了，用户的感知对产品体验太重要了。

小米电视电源插头

这样的细节设计很多，它往往能抓住用户的心理，提高产品的格调，提升用户体验，从而也就提升了整个产品的品质。

当然，这中间有一点还是要提醒大家：我们在做产品细节的时候，一定要注意成本，不要用力过猛。很多细节更多取决于设计者是不是用心，这样的细节设计不会增加成本，可以多做点。

高性价比：用户可以闭着眼睛买

有了有科技含量、有颜值的产品，整个交易还有最关键的一步，就是成交。成交的核心其实就是价格。如果说前面都是交易的前奏的话，那价格则是最后的一关，往往也是最关键的因素。所以如何定价、如何完成交易，就是我们这一节要讲的内容。

那么，到底什么样的价格最容易实现交易呢？我个人非常喜欢《极简法则》里面那句话："好到无与伦比，便宜到难以抗拒。"产品好是前提，便宜是用户完成交易的不二法门。当然，这里说的便宜其实是一个相对值，是用户觉得便宜，而不是廉价。其实，这就是我们常说的高性价比。

价格是用户定的，不是企业定的

那么，到底什么是高性价比？我们首先需要明确高性价比的含义。很多人误以为企业利润很低就是高性价比，这是从企业自身的维度出发，未必是真正的高性价比。真正的高性价比其实是用户觉得以这个价格购买这款产品很值。这其中就牵涉一个产品定价的问题。从表面上来看，产品价格是企业定的，企业会根据产品的成本和利润诉求，确定产品的价格，其价格公式是：

价格 = 成本 + 利润

可事实上，这个公式不成立，因为最终买单的是用户，你定的价格再合理，如果用户不愿意买单，这个价格也是没有意义的。用户在购买产品的时候，其实很少关心产品的实际成本，他们根据自己的需要来确定以某个价格购买这个产品是否值得。所以，真正决定产品价格的公式是：

价格 = 用户愿意花多少钱

这个公式就是从用户维度来看问题的，更为客观，更有实际意义。再好的产品，如果用户觉得没有价值，也不会有市场，其价格再便宜也是没有意义的。

定义了价格之后，高性价比也需要重新定义。高性价比不是企业的利润很低，而是企业的定价低于用户的预期。当企业的产品定价低于用户预期的时候，用户就会觉得很值。

那么，定价到底需要低于用户预期多少呢？小米曾经提出一个理论，就是定价要低到让用户尖叫。那么，用户到底什么时候会尖叫呢？当然，各种黑科技的应用、各种使用体验的创新，都会让用户尖叫。但是真正最能让用户尖叫的，还是价格。这一点我们看看小米的产品发布会就知道了。小米的产品发布会很有意思，会场布置很简单，没有过多的装饰和特色，舞台上一个巨型大屏幕，突出产品才是发布会的重点。发布会就是雷军一个人在进行产品发布，由于雷军的个人魅力和米粉们的狂热，发布会过程也会随着雷军理工男式的幽默或者“怼一下友商”使粉丝们尖叫或者欢呼，但是整场发布会的高潮一定是公布产品价格的时候。价格是小米产品发布会的最高机密，曾经传言谁泄密要罚款 100 万元。所以，当发布会上价格公布的一刹那，如果整个会场尖叫声、欢呼声、掌声热烈响起的话，那就说明发布会取得了圆满成功。而当公布的价格和用户预期差不多，甚至比用户预期高，整个会场只能听到“啊，也不便宜啊”的感叹时，发布会的效果就会打折。当然，小米一般都会避免这种情况的发生。

那么问题来了，真正让用户尖叫的高性价比到底是多少呢？其公式是：

价格≤用户期望值的一半

当价格低于用户期望值的一半或更低的时候，用户就会尖叫。用我们常说的话就是半价以下。这很好理解，我们在购买商品的时候，如果看到一个商品标明半价销售，一般都会有很强的购买欲望。用户会自觉不自觉地去看一下这个商品。这就是半价的魅力。

半价的问题容易理解，最难的其实是预测用户期望值，用户期望值到底会是多少呢？其实，我们提到的用户期望值，往往是用户日常积累的一个价格常识，这个价格常识来自两个方面：一方面是那些占据垄断地位的厂商制定的产品价格，比如听装的可口可乐、雪碧，价格大约是 2 元，这个价格就是同类产品的一个价格标杆，很容易被记住；另外一方面其实是一个模糊的概念，在很多蚂蚁市场，用户对产品价格的理解不是和某个品牌建立联系，而是了解其大约多少钱，这个大约多少钱其实约等于这个产品的平均价格。我们发现一个很有意思的现象，用户在买某产品的时候虽然不确定它到底是多少钱，但是对自己愿意花多少钱是相对明确的。比如在电视机行业，10 年来，1 500 ~ 2 000 元这个价格区间是用户能接受的最高价格区间，空调的价格区间则是 2 500 ~ 3 000 元。其他行业也有类似的现象，在耳机行业，50 元左右的产品占据市场 30% 以上的份额；在玩具车行业，100 元左右是用户能接受的最高价格。所以，虽然单个用户购买商品能接受的价格不确定性很大，但是回到用户大数据，价格却是相对确定的。以前，这个数据比较难获得，掌握在一些调研机构或者咨询机构那里，现在有了互联网，有了电子商务，所有的数据都有保留，可以实时拿到，比如在天猫的生意参谋、京东的罗盘上，都可以查到当前某个产品的最畅销价格区间和产品均价。这些价格基本上都是用户用支付这种方式投了票的，用户能接受的就是这些价格。

所以，用户期望值这个数值是可以确定的，只要你去研究用户交易数据。这就是电子商务的优势，它可以根据大数据随时调整价格和营销策略。

从上面的分析我们可以看到，高性价比未必就便宜，就是没有利润，而是一种对比。我们不要把高性价比与低利润对等起来，高性价比也可能带来高利润，比如苹果手机。最初，苹果手机出来的时候，由于其独特的产品创新和无与伦比的性能，传统手机直接被比得无立足之地，虽然苹果手机价格很贵，但用户还是排队去买，黄牛们还能加价卖出去。这就说明，苹果手机的性价比很高。可是大家也知道，苹果手机的利润非常可观。

高性价比是性能和价格的一个综合指数

要做出高性价比的产品，必须在性能和价格上都很努力。我们来举一个简单的案例吧。小米有一款产品，5 号干电池。小米为什么想起要做 5 号干电池呢？原因是我们使用日常的干电池有很多痛点。我们知道，干电池用完不能随便丢，因为干电池会污染土地。对此，曾经有很多宣传：“一节电池可以污染一个人一生的饮水”，“一节 5 号废电池就可以使 1 平方米土地荒废”。我们都知道这些道理，可是很多人还是把电池丢进了垃圾桶。为什么？没地方回收啊！那应该怎么办呢？其实，最彻底的解决办法就是做出环保电池来。我们经常说电池会污染土地，其实很大的一个原因是原来的电池含有汞和镉这类重金属，它们对环境的污染非常大。随着科技的进步，现在不用汞和镉也可以做出很好的电池了，这就是碱性电池。这类电池可以和其他生活垃圾一起，直接扔进垃圾桶。当然，我们还是要做好垃圾分类的。

虽然解决了环保问题，但干电池还是有很多使用问题。比如 5 号电池、7 号电池到底有多大，很多用户经常弄不清，因为这两个型号的电池大小差异其实不是那么明显，没有显性区隔。此外，用户在使用时经常把新旧电池搞混。我们一般买电池都是买一排，10 节、12 节甚至更多。可是使用的时候，我们一般用 2 节或者 4 节。当大家把旧电池放到抽屉的时候，这些旧电池往往就和原来的新电池混在一起，很难区分。再说，

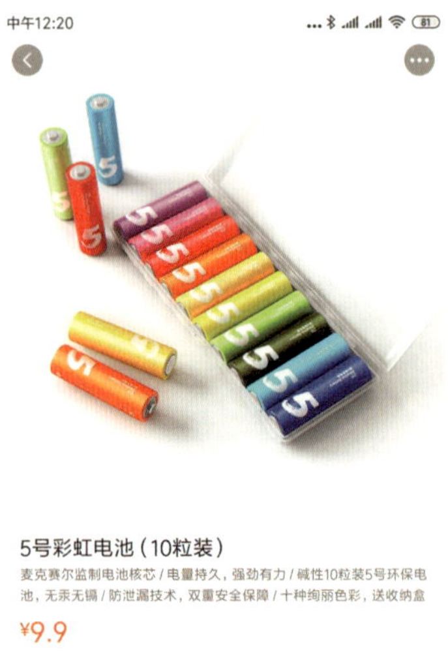

小米 5 号彩虹电池

电池放在抽屉里面滚来滚去，声音听起来也让人很不舒服。那么，有没有解决办法呢？

小米的设计师从用户痛点出发，重新设计了 5 号电池和 7 号电池。首先，就是在外包装上，5 号电池标上一个大大的数字 5，7 号电池标上一个大大的数字 7，这不是非常简单的事情吗？这样做可以使电池的外观很漂亮，增强它的可识别性。这可以说是用户思维一个最直接的体现吧！

大家也看到，除了对 5 号电池、7 号电池做明显区隔外，我们还把电池做成彩虹版，像五彩蜡笔一样，不仅外观非常漂亮，而且新旧电池也容易区隔了。如果你上次用的是蓝色，那这次用绿色或者其他颜色就好。用户选择起来方便很多。同时，小米还贴心地将彩虹电池包装设计成一个收纳盒，你不用把电池放到抽屉里，这也算是一个既环保又实用的设计。

大家可以看到，即使一节普通的干电池，如果回到用户使用场景，还是有很多可改进空间的。小米采用最严格的电池环保标准，又在颜值上和使用上做了很多贴心的设计，使得它和原来的传统电池相比，优势非常明显。最后，再回到产品价格。大家都知道，南孚、双鹿等干电池，一节的价格一般都在 2.5 元左右，这个价格基本上就是用户的心理期望价格。于是，小米在这个价格的基础上打个五折，再去掉尾数，直接做到每节 0.99 元。这个价格不仅低于用户期望值的一半，同时还直接定到 1 元以下，给用户带来巨大的震撼。这就是超高性价比。当初，小米发布这款彩虹碱性电池的时候，其传播度甚至超过了那次发布会的主角小米手机。这就是超高性价比带来的巨大影响力。

我们可以看到，小米为了在用户心目中建立“高性价比”口碑，可谓是用心良苦。不仅是对于一款干电池，小米几乎在所有商品上都按照这个逻辑来定价，当初推出的49元的手机充电宝、79元的小米手环、299元的小爱同学智能音箱、99.9元的类AirPods耳机，都比市面上的一般产品便宜一半以上，甚至连大家电也是。小米计划将65寸电视做到1 999元，米家洗衣机做到799元的白菜价。小米陆续推出这些产品，一轮一轮轰炸，给用户带来巨大冲击。很多米粉现在买东西已经形成一个习惯，买东西之前先看看小米有没有同类商品，如果有就下单；如果小米推出新产品，不用比较，直接下单，买到就是赚到！这样的口碑一旦形成，就是巨大的品牌信任，用户可以闭着眼睛买东西了。

小米无线蓝牙耳机

小米洗衣机

首战即决战

刚才我们提到的产品高性价比定价，用在一些已经很成熟的品类上大家可以理解，那么新品呢？很多企业在这个时候就会很犹豫。原因很简单：新品上市，销量还没有起来，成本会很高，同时还有大量的研发费用、模具费用需要分摊，所以新产品上市的时候成本居高不下。这时，如果按照传统企业定价策略，用成本加利润来定价，产品价格自然就很高。这也是目前市场上的普遍现象，新品上市就是“贵”。

那么，这种定价是否科学呢？当然不科学！我们可以从三个方面来对其进行分析。

第一，对用户不合理。大家知道，一个新产品上市，有很大的不确定性，需要一批勇敢的用户来尝试，我们把这批用户叫作“尝鲜人群”。这群用户其实往往更懂产品，更愿意尝试新东西，当然他们面临的风险也更大，也许会遇到产品不好用、售后服务不完善、产品质量不稳定等问题。企业把这么多不确定性推给这批用户，还把各种费用都摊到这批用户身上，就显得非常不公平了。也就是说，这些用户不仅要承担产品的风险，还要承担损失金钱的风险。基于这些原因，很多用户会在新产品面前却步，这也是很多新产品上市的时候，没有人愿意来尝试的重要原因。

第二，对企业不利。把所有成本摊到新产品上，看似合理，实际上从企业经营角度来说是非常不合理的。一个新产品上市，需要的是迅速到达用户，让用户来检验，同时快速占领市场，让整个生产、供应等也可以尽快进入良性循环。而且从流量效果来看，新产品上市必然吸引新的流量，再加上公司的各种营销推广，一般来说，产品发布的时候是流量最高的时候。有了这么高的流量，我们还需要更好的转化率，这样才能形成正向效应。可是，如果价格居高不下，更多用户抱着等一等的态度，那么转化率就会很低，销量就会很差，整个产研体系就会处于不良运行状态。一旦产品热度消失，公司再想把产品销量拉起来，付出的成本会比一开始高好几倍。

第三，对竞争不利。一个新产品面世，往往采用了更新的技术、更好的创意、更新颖的模式，这些都需要成本，都是企业的核心竞争力。可是，一旦产品发布，这些就很容易暴露在市场上，竞争对手看到有利可图，就会迅速跟上。后来者常用的突破手段就是：价格战。这种战术屡试不爽。因为你给了竞争者价格空间，所以他们就抓住这个价格空间抢夺市场。这个时候，你抱怨他们抄袭也好、不公平竞争也好，都无济于事，最终还是市场说了算，市场不相信眼泪。

从这三个方面来看，新产品上市的最佳方式就是首战即决战，一开始就把高性价比做到极致，让用户觉得不可思议，让整个产品销量迅速起量，给整个产业链信心，同时让竞争对手绝望。他们看到自己在技术上没有优势，在价格上也没有优势，就会直接放弃。这就是首战即决战的核心要领。要做就做到极致，要定价格就按照用户期望值来定，当你的价格直接击穿用户心理价位的时候，你的产品就会迅速占领用户心智，占领市场，其他竞争对手也就无能为力了。

在这个方面，小米可以说是实操典范。小米在推出电动牙刷的时候，直接把均价 500 元的电动牙刷打到 99 元，还推出 99 元三支的电动牙刷，直接血洗这个市场；小米在推出 90 分行李箱的时候，针对动辄上千元的行李箱，在保证同样品质的前提下，直接把价格拉到 299 元，一时间引爆市场，一个米粉节单品卖出 200 万个。一直霸榜双十一、6 · 18 的小米太阳镜、小爱同学等，一上市就秒杀整个市场。小米推出这些产品时采用的核心战略就是首战即决战。

把自己逼疯，把对手逼死

回顾小米的三高逻辑，我们需要知道这是一个统一的整体，不能割裂。一个产品只有同时拥有这三样武器，才是一把利器。科技和颜值给产品带来高附加值，高性价比带来直接转化。虽然同时做到这三点确实特别难，但这是决定整个产品的竞争力的关键。我们讲的产品力，比拼的就是这三样。小米内部有句话：把自己逼疯，把对手逼死。

本章要点

1. 小米爆品三高定律：高科技、高颜值、高性价比。三者缺一不可。
2. 高科技需要用户能感知，要让用户看得见、摸得着，要有场景或者数字化。
3. 颜值就是正义，产品设计要有标准，要有统一的语言，还要学会做减法，做到简洁不简单。
4. 高性价比是超过用户预期，价格是用户定的，不是企业定的。

第8章

爆品营销

一切不以转化为目的的
营销都是瞎花钱。

再好的产品，在这个时代，没有营销是不行的。我们经常讲，一流的公司是一流的产品加一流的营销。这个要求太高了。符合这个标准的好像只有苹果公司，或者说只有乔布斯时代的苹果公司。现在更多的是产品不够，营销来凑！虽然大家提到营销心里会有些鄙视，但其实还是极其羡慕那些营销做得好的公司的。

客观来说，营销也是一种能力，而且是一种很重要的能力。在产品力足够的前提下，营销是爆品的催化剂，能促使爆品在短时间内爆发。

那么，爆品营销和其他产品的营销方式会有不同吗？在大的原则上没有什么明显的不同。不过，既然是爆品，那肯定也是产品，我们讲的爆品营销更多是基于产品层面来进行的营销。这种营销更多是从产品转化出发，只有把产品卖出去的营销才是真正有价值的营销。我们经常说：一切不以转化为目的的营销都是瞎花钱。

既然营销的目的是把产品卖出去，那么我们就采用电子商务的逻辑，看看我们在不同阶段需要什么样的营销手段。

我们前面提到，电子商务的公式是：

电商 = 流量 × 转化率 × 客单价 × 复购率

我们就从这四个方面，来展开我们的爆品营销策略。

流量营销：获客是企业首先要做好的事情

流量营销，简单来说就是要获取用户，我们叫获客。想办法获得更多的用户，是营销的重点。在电子商务里，已经有一整套获客方法。这里我就基于爆品的逻辑来解读一下如何获得流量。我们从三个维度来看看如何做流量营销。

产品营销：产品是营销的第一要素

营销不管如何变化，都离不开产品。产品是源，是一切营销的基础。围绕产品营销，我们需要做几件事情。

第一，产品与用户重新匹配，找到产品的“爆点”。企业做出的产品，最终是交给用户来使用的，要让用户喜欢你的产品。你的产品最吸引用户的那一点，是你的产品最核心的竞争力。只要把这个爆点挖掘出来，你的产品就有了魂。

当初，苹果刚发布 iPod 的时候，深圳华强北已经遍地都是这种 mp3 播放器了。那么，iPod 是如何做到这一点的呢？iPod 利用当时垄断的大容积闪存，推出了“可以放 1 000 首歌”的核心爆点，将大存储量这个点与用户需求匹配起来。对用户来说，买 iPod 不仅是买了一个 mp3，还相当于买了一个大容量的移动硬盘。这应该是当初 iPod 风靡市场的一个主要原因。

iPod 宣传图

其实，这个爆点还真不算新颖，我们中国企业使用类似爆点的时间比这个早多了。当初 DVD 市场火爆的年代，万利达推出一款万利达歌王 DVD，其最大特点就是配送 2 万首歌，这给用户唱歌带来巨大的便利，用户不用再去买一堆歌曲碟片了。配送 2 万首歌帮助当年的万利达登上中国 DVD 市场前两名。这个爆点和 iPod 可以装 1 000 首歌有异曲同工之妙。

万利达歌王 DVD 点歌本

我们再来看一个从用户角度找到爆点的经典案例。2018年，一句“瓜子二手车直卖网，没有中间商赚差价”火爆各大媒体。这句广告语为什么那么火爆？一个简单原因就是找到了用户爆点——“没有中间商赚差价”。用户一直很讨厌中间商，瓜子二手车抓住这个爆点，将自己的直卖服务推向市场，用户当然被引导到瓜子网上。其实，我们认真思考一下：瓜子二手车自己不也是一个中间商吗？但是，这对用户来说已经不再重要，他们相信瓜子网更诚实。

从这几个案例我们可以看出，一个产品要想成为爆款，需要先把产品“爆点”找出来，有了这个爆点，就很容易打动用户，引爆市场。相反，有些产品本身没有问题，但把人群定位错了，就很容易被误解为产品有问题。

前一段时间，一个做服装的朋友找到我，说起他的苦恼。他做了几十年服装生意，由于对产品质量非常看重，从设计到面料，从加工到成衣，他都非常苛求，力求每一件衣服都是精品。前几年，他的生意非常好，顾客们对他的产品赞不绝口。他的门店也从一家扩展到了三十几家。可是这两年出了一些问题，用户群一直没有扩大，服装库存却开始加大，很多店面开始出现亏损，导致他不得不关掉了很多门店。

一开始，他觉得这应该是电子商务带来的冲击。于是，他也专门组建了队伍，开了天猫旗舰店，同时他的京东自营店也上线了，可是收效甚微。他每年在网上投入几百万元，却卖不出几件商品。他实在不知道哪里出了问题，希望我能帮他支支招。

我和他简单交流了以后，提出了三个问题。

> 你的老客户有多少？他们现在还买你的产品吗？
>
> 你的老客户是谁？他们为什么买你的产品？
>
> 你的老客户是如何向别人推荐你的产品的？或者说他们穿上你家的服装后，会和别人怎么介绍身上穿的服装？

第一个问题很好回答，我的朋友直接告诉我，北京地区至少有 1 000 个老客户，他们每年买他的衣服，而且老客户几乎没有流失的。这是一个好消息。

在回答第二个问题的时候，我的朋友开始有些犹豫，他知道他的用户大多数是中老年用户，一旦描述他们的职业或者更详细的信息时，我朋友的介绍开始显得有些苍白。在他看来，衣服又不是他卖出去的，他哪有那么多时间了解那么多情况？“他们买我的衣服，是因为我的衣服好啊。”很明显，我们这位出色的产品经理对自己的产品充满自信，可是对自己那么多年的老用户，却是不太了解的。

到第三个问题时，我的这位朋友开始有些不耐烦了：“那些用户如何议论我的产品，我怎么知道？再说不还是我的衣服做工很好，穿起来很好看，让他们显得有气质之类的吗？”

在有点尴尬的气氛里，我那朋友开始反问我：“你是一个天天号称自己有产品洁癖的产品经理，不和我谈产品，谈这些虚无缥缈的东西有什么用呢？我想一定是我的产品出了问题，我找你是希望你帮我在产品方面出出主意。”

我一下乐了。我和他说:“你的产品也许有问题，但是最大的问题出在产品和用户匹配上。你的用户很忠诚，说明你的产品没有问题，如果真有问题，他们早就离开你了。那么，问题应该出在你是否找到合适的用户，或者说你产品的爆点是否隐藏得太深，让用户无法传播？比如，你的产品用户觉得很好，它到底好在哪儿？也许是质量好，也许是外形好，也许是穿着舒服，但是一定有一个核心原因。我建议你花足够的时间去了解你那些老客户。把我的第二个、第三个问题回答清楚，我们就可以很方便地找到问题所在了。而且，这些问题最好是你亲自带人去了解清楚。”

我的朋友抱着将信将疑的态度，回去后拜访了大量的客户。好在那些客户对这个品牌实在太喜爱了，所以看到老板回访都很高兴，自然很愿意把自己买衣服、穿衣服的经历和原因告诉他。

一个月以后，我的朋友根据我给的表格，对大量用户回访做了总结，答案很有意思。

> 他的老客户确实以 40 ~ 49 岁以上用户居多，其占比超过 40%；在 30 ~ 39 岁这一年龄段的也不少，占比超过 30%，这是一个巨大的惊喜。
>
> 他的老客户大部分都是高知人群，对生活品位要求很高，我朋友家的衣服精致不奢华，非常适合旅游或者聚会的时候穿。
>
> 我朋友家的衣服最大的特色其实是舒适，由于他的大部分服装属于贴身穿的服饰，所以面料选择很精细，与肌肤接触起

来让人感觉特别舒服，用户感觉穿了他家的衣服后再穿其他家衣服就特别不舒服。

我们再看看店面的问题。一是他在很多综合商厦开了店面，那里品牌很杂，更多的是一些快消品牌，而且顾客以年轻人居多，自然在那里开店会导致产品和用户严重不匹配；二是我朋友的衣服外观相对素雅，不是那种夸张的设计，色彩也不抢眼，只有穿上去才知道这衣服有多舒服，可是这种偏贴身的衣服试穿起来很麻烦，这也导致很多用户无法体验这个产品最大的特点——舒适顺滑。

有了这些数据调研，我给朋友提了几条意见。

第一，将那些设立在综合商厦的店面全部关停，保留那些环境优雅、周边品牌相对高端的店面。

第二，把产品用户群定位在 30 ~ 50 岁的高知女性群体，将其他不适合这个用户群的服装全部下市，减少产品品类，突出高知人群的核心定位。

第三，确定产品“舒适顺滑，做自在女人”这一爆点，降低用户试穿成本，推出各种可以让用户触摸感受的体验装，降低用户试穿门槛。

这样调整几个月后，我的朋友兴奋地告诉我，他的服装销售翻了好几番，他的老客户们对他的产品更加喜爱，而且推荐了一批新客户。更让人高兴的是，我的朋友再也没有那么累了，产品种类少了 2/3，可是销量却翻了几倍。其核心原因就是产品重新找到了爆点：舒适顺滑。

设计打动人心的广告语：简单、粗暴、有效

一句好的广告语，会影响人们对产品的关注度，决定是 100 个人关注还是 100 万人关注。其实这是很老的营销套路，但是到今天还是不过时，甚至更加有效。在今天这个信息爆炸的时代，谁能在 8 秒内抓住用户注意力，谁能迅速建立用户对产品的认知，谁就有机会赢得市场。

今天的广告语与传统的广告语也有一些不同，今天更讲究六个字：简单、粗暴、有效。广告语的核心是传递信息，这个信息要像一枚印章一样直接印在用户心里。这类广告语有两个技巧。第一个技巧是抓住产品特点匹配用户关注点，直接完成认知植入。

在小米推出小米手机 2S 的时候，用户对智能手机最关注的点就是手机卡不卡。于是，小米根据这个关注点，直接推出“小米手机 2S，就是快”的广告语，很快赢得用户的认同。这句“就是快”也使小米手机 2S 成为当时的绝对爆款。

到了后来，手机卡不卡已经不是问题，而手机相机成为用户关注的焦点。小米连续推出“拍人更美”“自拍美、拍人更美”的广告语，让用户快速了解小米手机相机功能很好。应该说，这些广告语都是手机广告的经典。

第二个技巧是找到精准用户人群，将产品与人群直接精准定位也是一个很好的广告语模式。用户一般都希望得到特别关注，也特别希望某个产品是为自己定制的，这能为这些用户带来巨大的荣誉感和归属感。在推出电视的时候，针对很多人都在谈的量子点技

术、LED 技术，小米电视另辟蹊径，推出了一句经典的广告语：年轻人的第一台电视。

小米手机 2S 广告宣传语

这句广告语一经推出，就在市场上获得了特别好的反响。为什么说这句广告语好呢？原因有两个。一个是定位年轻人，立马将人群划分清晰，让用户觉得自己是年轻人。其实，年轻人多大年龄不重要，重要的是年轻就是资本，任何人都希望自己永远年轻。它一下把买传统电视的人群划到不是年轻人的人群里去了，这对那些买传统电视的用户打击太大了。第二个是强调第一台，我们前面说到营销的最高境界就是争第一。现在，小米电视占领了年轻人的“第一次”，这是把“第一次”从产业层面营销到个人层面，给了用户巨大的震撼，用户对自己第一次做什么是很在意的。于是，接着这个话题，小米的很多产品都成了年轻人的第一次，年轻人的第一张沙发、年轻人的第一条毛巾、年轻人的第一把刮胡刀……几乎所有的小米产品，都与年轻人的第一次挂起钩来。这种广告语太成功了！

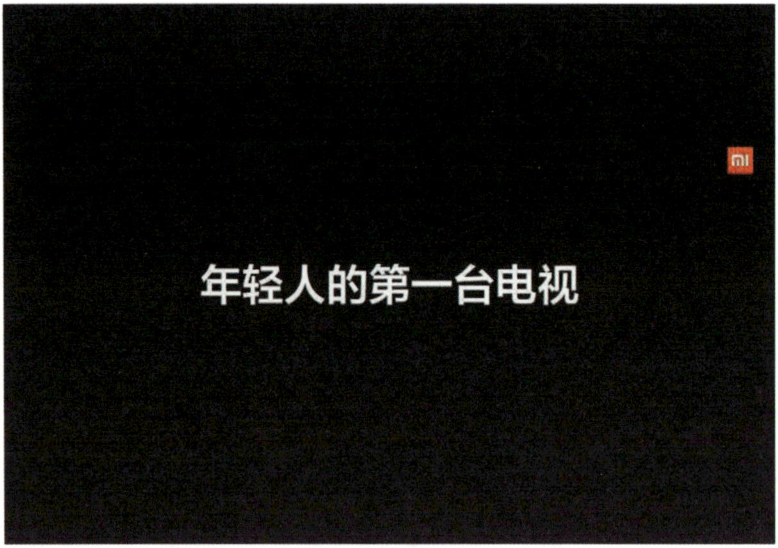

小米电视广告宣传语

社交营销：营销的本质是人与人的关系

社交营销，也叫社交化营销，简单地说就是基于社交关系开展的营销。随着移动互联网的快速发展，全球已经有 30 亿上网用户，其中社交媒体用户预计达到 25 亿。

社交媒体有几个鲜明特点：更精准的目标群体、更高的转化率、更低的营销成本。如何利用社交化媒体进行推广，已经成为企业面临的必然问题。

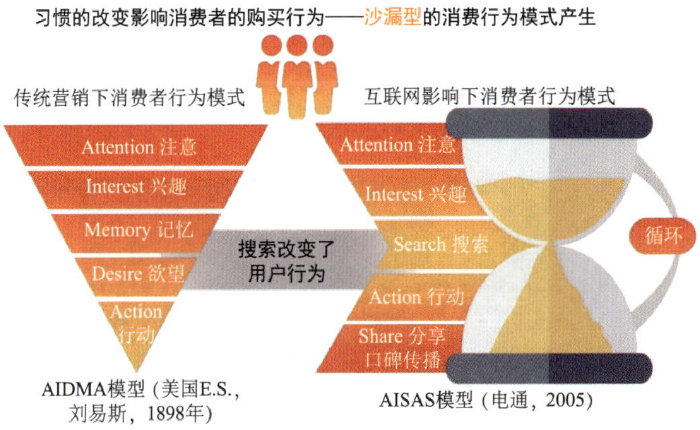

传统营销和互联网影响下消费者行为模式

社交营销与传统营销不同的原因，其实是消费者的行为方式发生改变。在网络时代，消费者可以借助不同的方式进行信息搜集和了解，除了企业的营销宣传，还有用户的口碑。所以从这个层面来讲，消费者购买产品不仅是一个交易的结束，也是另一个交易的开始，还是口碑传播的开始。正是这样的口碑循环，使得现在的社交营销发生了很大的变化。日本电通公司把整个消费行为概括为 AISAS 模型。

这个模型是一个完整的网络消费者行为模式。对企业来说，我们需要在 AISAS 模型的每一个环节设置相应的营销策略，才能建立社交营销的完整循环。具体来说，今天的社交化媒体非常丰富，微信、微博、头条、抖音、快手、知乎、贴吧，以及网络直播、很多垂直类网站，其实都是社交化营销平台。不同的平台属性不一样，我们需要根据产品的不同以及每次营销目标的不同选择不同的平台。下图是一些当前比较有代表性的媒体平台，其用户群和对产品的要求是不一样的。

有代表性的媒体平台的用户需求

从上面这个平台简单分类可以看到，如果你想做一款化妆品，希望可以和各大牌比拼成分或者科技含量，那么小红书与美丽传说更适合你。而如果你想通过网红带货，也许抖音最适合你。

内容和 IP 营销：场景化、剧情类营销是趋势

随着社交化媒体的影响力不断扩大，内容营销迎来了它的春天。今天，各种网红直播、抖音刷屏迅速崛起，各大明星也跟风转战各大直播平台。一时间，网红带货成为热点。这些网红带货背后其实就是内容营销的兴起。

2018 年，粉丝数量超过 100 万的头部网红人数上涨了 23%，粉丝规模超过 10 万的网红人数增长了 51%。网红总人数已经超过百万。

数量巨大的网红以及粉丝，创造了新的经济形态，仅直播市场 2017 年就达到了 453 亿元，预计到 2020 年市场规模将达到 1 120 亿元。这将是一个巨大的市场。

在网红经济中，内容营销具有很高的“追星特性”，直播的网红们无须大推特推他们要销售的产品。他们展现的是场景化的效果，比如嘴上抹的口红、手上戴的饰品、化妆间里用的化妆品，都能成为热点商品。明星同款、网红同款火爆网络。

网红洁面仪

虽然网红产品很火，我们也不要神化网红产品，首先还是要让自己的产品有特点。网红产品有几个特点：外观吸睛，辨识度高，功能新颖，符合年轻人的性格。

比如图片中的洁面仪，外观像化妆盒一样，粉红色的外观也容易吸引年轻的女孩，而柔软的颗粒感则给洗脸带来另一种体验，所以很受用户的喜欢。

在网红产品里，场景化、剧情类营销尤其受用户追捧，很多网红会将产品与日常生活联系在一起，比如旅游、美食等。直接将产品植入到生活情境里，让用户不知不觉喜欢上这些产品，从而刺激消费，效果往往比原来那种口播好很多。

除了网红带货外，IP（知识产权）仍然还是流量大户。尤其是那些深入人心的漫威系列、迪士尼系列，已经越来越多地和各种产品结合起来，取得了很好的效果。在这方面，曾经的老字号五芳斋做得非常不错，它推出的迪士尼系列粽子和漫威系列粽子，深受孩子们的喜爱，这两款粽子自然也成了粽子界的爆品。

除了这种 IP 植入，还有一种营销方式就是跨界合作。在这方面，锐澳鸡尾酒与六神的合作堪称经典。在一次天猫国潮行动中，

锐澳花露水味鸡尾酒

锐澳推出一款花露水味鸡尾酒，挑起了很多年轻人的好奇心：把鸡尾酒放到花露水瓶子里会是什么味道呢？结果，天猫 1 分钟就卖出 1.7 万瓶这种鸡尾酒，可算是大大地火爆了一把。

提高激活率：让用户更快体验到“爆点”

我们把用户吸引过来后，需要把用户激活，也就是让用户购买或者使用我们的产品，我们一般都将购买或者使用我们产品的用户占总用户的比例称为转化率。转化是整个用户交易过程中非常重要的一环，电商经常提到转化率，做得好的电商可以做到 5%，做得不好的电商只能做到千分之几。没有转化，再多的流量也没有意义。

那么如何才能提高转化率呢？一个最有效的办法就是让用户快速体验到“爆点”。用户一旦体验到“爆点”，就很容易下单，完成转化。比如小米推出平衡车的时候，用户最大的购买障碍就是担心自己不会玩。于是，小米在小米之家特意开辟出一块空地，让用户能够试玩，并承诺用户可以 10 秒钟学会。于是，很多用户跃跃欲试，在工作人员的帮助下，你只要一登上平衡车，立马就能体验到那种自由操控的快感。而这就是小米平衡车最大的爆点：谁都会玩平衡车。从现场来看，基本上体验过平衡车的用户，转化率高达 30% 以上。更重要的是，那些体验过的用户即使没有买，也会把自己那种兴奋的感觉传递给其他人，从而促进更多的人来购买。

除了让用户更快体验爆点外，我们还需要确定激活路径，建立漏斗报告。也就是说，我们需要对整个激活用户的过程进行数据监控，看看在哪个阶段流失用户较多。从 App 上来看，一般注册是用户流失最多的环节，降低用户的注册门槛、增加注册激励，是提高激活率最重要的手段。

下面就是一个 App 激活的漏斗模型：从图形中可以非常明显地看到注册是用户流失最多的环节。

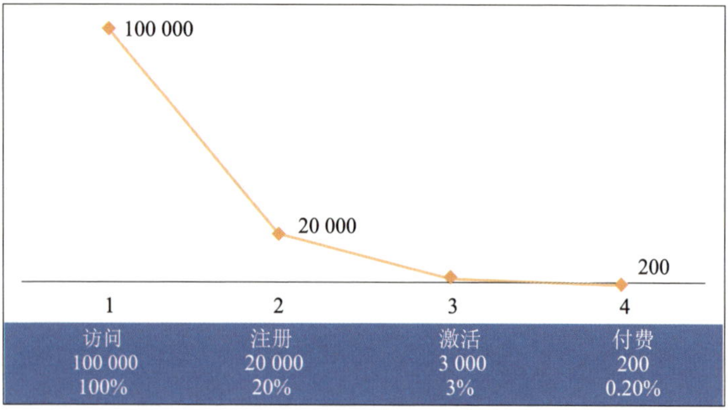

某电商网站激活漏斗

提高留存率：唤醒并留住用户

用户留存率有多重要？一份调查报告显示，用户留存率每提高 5%，利润可以提高 25% ~ 95%。简单地说就是，一个企业的利润很大一部分来源于老用户。所以，如何抓住老用户，如何让老用户形成二次购买，是商业模型中非常重要的环节。在针对现有用户的营销方式中，口碑营销和病毒营销效果会更好。

一般来说，口碑营销和病毒营销需要结合在一起使用。我们经常发现有很多老用户喜欢我们的产品，他们也很喜欢向别人推荐我们的产品。不过，这种热度只会持续一段时间。那么，怎么延续这种热度呢？最简单的方式就是病毒营销。

病毒营销的过程其实比较简单，就是不停地制造惊喜，不停地给予用户额外的刺激，让种子用户和被裂变的用户都有参与感，同时也都有收获。一个简单的裂变过程如下图所示。

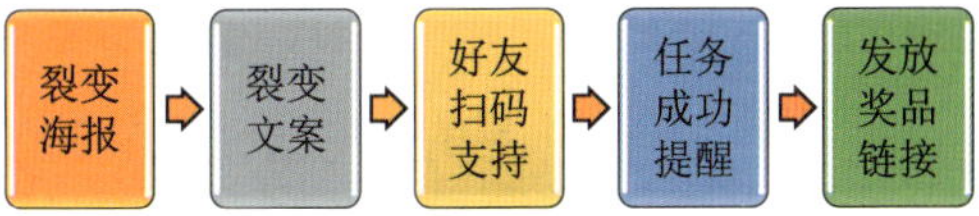

病毒营销的裂变过程

在这个过程中，有两件事情非常重要：一是裂变文案要有趣，要把裂变“利益”说清楚，有了利益用户才愿意参与；二是任务完成后发放奖品链接，这个奖品不仅要给种子用户，还要给被裂变用户。这样就很容易形成裂变开环，其他用户可以持续裂变下去。

除了病毒式裂变之外，留住用户还有一个办法，就是持续给用户提供让他们满意的产品或者服务。小米做生态链一个很大的原因，就是不断提供各种产品，让用户除了买手机，还可以买各种其他产品，尤其是那些使用频率较高的电子产品，比如电子门锁、电动牙刷、扫地机器人，因为这些产品的使用频率很高，所以用户自然很容易感受到小米的存在，从而培养用户对小米的认知。用户不太愿意去尝试一个新的品牌。

在这个过程中，为了提高用户留存率，小米还创立了一个很有价值的工具，就是米家 App。这个 App 虽然不是那么火爆，但是在提高用户留存率方面发挥了巨大的作用。用户购买了小米的一些产品后，很自然地希望把这些产品连接起来。一旦将产品连接起来，用户就能感受到小米产品的各种方便性，很自然地就会有意愿购买更多的产品。根据小米 2019 年上半年财报，家里有 5 件以上小米产品的用户已经超过 300 万。可以说，这是提高用户留存最有效的方式。

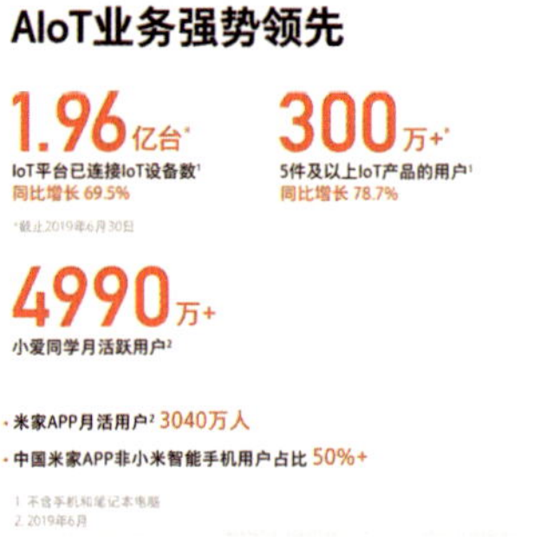

小米 2019 年上半年财报部分数据

用户留存的三个阶段

用户留存可以分为三个阶段，每个阶段的重点不一样。

初期惊喜：一见钟情

用户初期从产品中获取的价值越大，长期使用该产品的可能性也就越大。用户会有产品依赖情结，产品一旦在初期打动了用户，很快会让用户建立信任感。小米盒子可以说是这方面的一个典型。一开始，小米盒子以超高的性价比吸引用户购买，买完以后，接二连三的惊喜让用户很快喜欢上这个产品：大量的免费高清内容、傻瓜式的操作、精美绝伦的壁纸，让你一下进入到一个影视新天地。很多第一次买了小米盒子的人，一下班就惦记着赶紧回家看电视。用户被牢牢吸引住了，从而使得用户月留存率高达 85%。

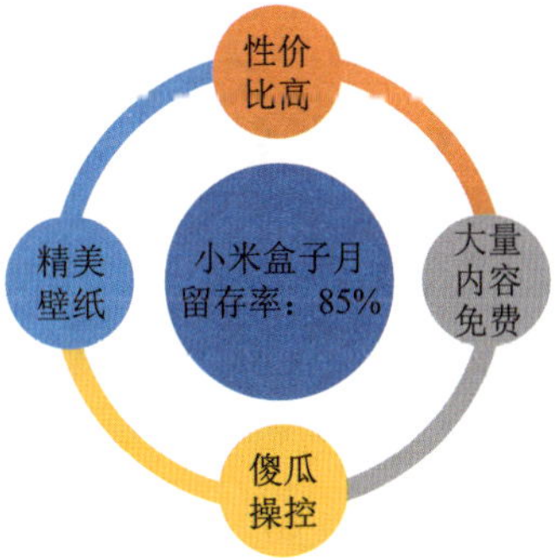

小米盒子用户月留存率分析

中期：习惯成自然

用户使用一段时间后，很容易形成一种习惯，想从产品或者服务中获得满足感。这是一种相对复杂的用户心理。用户接受某种服务，一开始也许是尝鲜，后来慢慢养成习惯，在不知不觉中将其作为一种自然模式。以盒马鲜生推出的 3 公里范围内半小时免费送货上门服务为例。一开始，你也许抱着试试看的态度；然后经过几次尝试后，你发觉用盒马真的很方便，于是你只要想买东西就会想到盒马，使用盒马的服务慢慢成为你的习惯。这就是盒马成功的原因。这种持续的保姆式的服务让用户形成了习惯。

长期：用户已经离不开你

用户一旦养成习惯，其实是很难改变的。在这个过程中，要

盒马鲜生配送的货物

让用户体会如果没有你的产品或服务，他会很难受，从而让他理解你的产品或者服务的不可或缺性。这方面其实很多用户都有切身感受，比如移动支付。微信支付和支付宝终于让我们彻底告别了钱包，如果现在哪个地方还需要收现金或者刷卡，用户就会觉得极其不适应。这种用户习惯已经不可改变，所以现在各地的收费基本上都可以支持移动支付了。

提高激活率还有一种有效的办法就是让用户办会员卡，尤其是在各大视频网站，办影视会员卡可以说是这种操作的典范。各大视频网站在吸引付费用户的过程中，让用户可以欣赏很多需要付费的内容，最狠的一招是免广告。用户试过会员免广告后，一旦会员到期，那个讨厌的广告又跳出来时，心里会莫名地恼火。于是为了省心，他们会觉得还是买一个会员吧。这种会员免广告的做法就是典型的让用户习惯一种观看方式，一旦形成习惯，他们就无法接受另外的模式了。

复活僵尸用户

用户不再用你的产品有很多原因，有些是不喜欢你的产品，有些是忘了。如何把这些用户找回来，也是提高留存的重要方式。我们只需要找到用户消失的原因，想办法把他们唤醒或者请回来，会大大提高用户的留存率。

复活僵尸用户有四种办法。

以旧换新：很多产品，尤其是电子产品，由于是以前生产的，很容易被淘汰，厂家很容易通过以旧换新的方式重新把用户拉回来。现在苹果、小米推出的旧手机折价就是这种模式的实际应用。

产品升级：如果是软件产品，一个最好的唤醒老用户的办法就是软件升级。小米 MIUI 曾经创造了每周升级一次的神话，虽然这个工作的工作量巨大，但是对于老用户的留存确实有很大的作用。它可以延长现有产品的寿命，更重要的是，那些老产品升级也能让用户有新的体验。

回馈老用户：针对老用户做特殊优惠，让他们享受不一样的待遇。这对老用户的吸引力很大，很多公司针对老用户推出特别优惠，有些渠道专门开设老用户专区，就是为了让老用户持续购买产品。

友好提醒：很多用户不用你的产品也许是他们真的忘了，未必就是不喜欢你的产品了。通过一些友好的提醒方式，比如生日祝福、好产品优惠等，给用户提供一些有价值的信息服务，用户会回到你的服务中来。这种方式很多公司都会，不过千万不要把友好提醒变成骚扰信息，那样你就会被拉黑，从而彻底失去这个用户。

复购：提升品牌影响力，提高复购率

复购指的是用户购买某商品后再次购买该商品或者该品牌的商品。复购率是一个非常重要的指标，反映用户对某个品牌的忠诚度。我们知道，用户没有义务对一个品牌忠诚，只有提供更好的服务和更大的品牌影响力，用户才会重复购买。

提到复购率，我们就不得不提小米的粉丝经济。小米有句话：因为米粉，所以小米。从这句话中，我们一方面看到米粉对小米的重要性，另一个方面也理解小米对米粉的重视程度。小米每年两次的“米粉节”，给米粉大量的优惠服务。同时，小米在各地举办的“爆米花”活动，也成为各地米粉狂欢的节日。此外，小米还通过发送一些纪念衫、米兔等礼品，让米粉们享有很强的归属感。在这些活动中，最重要的是小米每年举办的“小米家宴”，小米会邀请全国各地的米粉代表来北京一起吃顿饭，小米的高管们会一起上台表演，米粉们可以和他们的偶像雷军合影，这些都是巨大的荣誉。很多公司羡慕小米的米粉文化，其实这种文化是小米公司骨子里的东西，是小米文化最重要的组成部分。有大量米粉的存在，小米自然拥有忠实用户。这些用户不仅自己购买产品，遇到好的产品还买了送给周边的亲戚朋友。他们是小米产品最好的宣传员、代言人。

另外一个提高复购率的办法就是持续提高品牌的影响力。用户购买产品，除了由于产品实用，还有一个原因就是认同品牌。消费升级的一个重要指标就是对品牌的认知。很多人买东西都是先选品牌，然后选产品。所以，如何强化产品品牌变得更加重要。强化品牌未必就是做广告，最好的强化品牌的方式就是不停地折腾你的产品，随着新媒体的兴起，让你的产品出现在用户聚集的地方，多刷存在感。此外，鼓励用户多晒单、多发朋友圈、多做用户评论，也都是提升品牌的好方式。

爆品营销的核心是用户

我们今天讨论的爆品营销和以往最大的不同就是需要以用户为中心，根据用户群重新定义你的产品，采用用户习惯的方式去做流量和转化。传统的渠道为王的模式已经在慢慢淡化，近期兴起的各种 C to C（厂家直销）和 C to M 模式已经表明：谁拥有用户，谁离用户越近，谁的机会就越大。那种还依赖传统分销体系的产品必然会被慢慢淘汰。

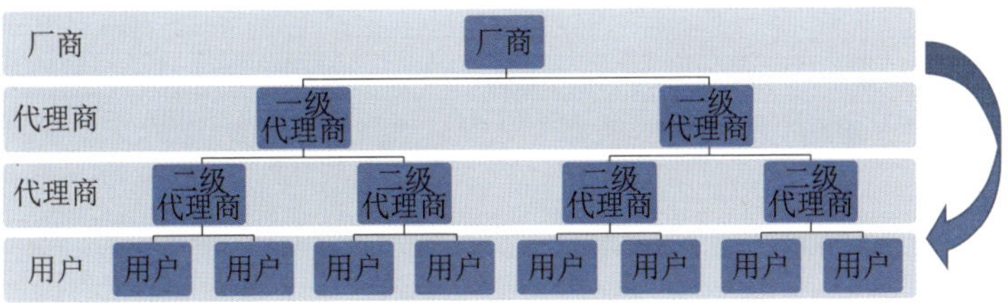

新兴起的营销模式

本章要点

1. 爆品营销的核心是转化，不以转化为目的的营销都是瞎花钱。
2. 产品营销的核心是产品与用户重新匹配，也就是根据用户逻辑重新定义产品。
3. 提高激活率的方法是让用户更快体验到“爆点”，爆点越早，转化越快！
4. 用户留存率每提高 5%，企业利润可以提高 25% ~ 95%，留住用户是企业获取利润的重要手段。

第9章

打造新一代爆品工程体系

围绕如何打造爆品这件事情，我们已经从市场调研、产品定义、人群分析等各个维度进行了分析。为了让用户能更简单、更直接地学习如何做爆品，我决定做一件前人没有做过的事情，把整个做爆品的过程体系化、系统化，最终打造出一个体系化的工程来。我这么做的目的非常简单，就是希望用户按照这个流程操作，也能自己做出爆品来，这样对企业、对用户都是一件很有意义的事情。

把做爆品这样的事情体系化，确实是一件难事。为了和原来零星的各种爆品技巧做区分，我特意给我的体系取名叫“新一代爆品工程”。这么做不是为了哗众取宠，而是为了让这件事情更严肃、更严谨一些。

新一代爆品工程定义

为什么叫“新一代”呢？这是为了和大家的固有观念做区分。一般用户都会认为卖得好的产品就叫爆品。其实，在我的体系里，卖得好只是爆品的一个必然结果，或者说只是因素之一，它还有两个重要的因素：有流量和有话题性。一个产品成为爆品的首要条件是要能吸引用户、产生流量，这是新一代爆品的第一要素。

第二个要素是有话题性。其实，说得高大上一点就是要提高品牌知名度，用户购买该爆品，不仅会自己使用，还会推荐给自己周围的亲戚朋友，从而产生口碑。传播的核心其实是话题，某个产品一旦有了话题，就会有热度，就会给品牌带来传播力。传统的广告轰炸已经过时，真正的品牌影响力其实是用户口碑。一个产品不能树立良好的口碑，卖得再多也不是爆品。比如有的产品是通过集体采购卖出去的，有的产品虽然销量很高，但是用户基本上不议论它，这也算不上爆品，因为它对品牌没有起到很好的宣传作用。

第三个要素才是销量。不过，我们提到的销量更多是指单品销量。一个品类有几十个品种，销量再高也被分散了，很难形成足够大的影响力。一款产品卖得好才是真的好。

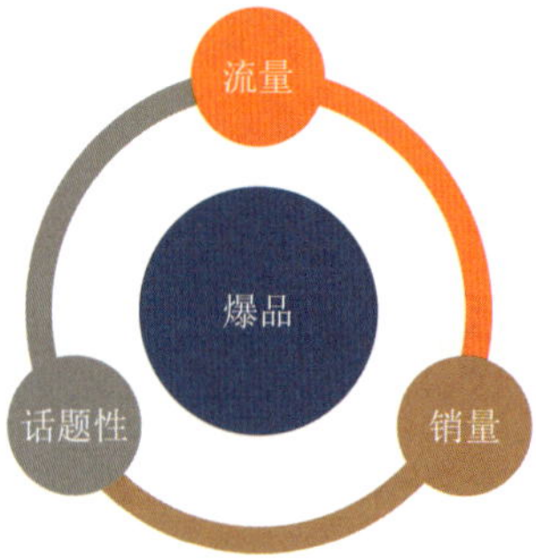

爆品应具备的三大要素

新一代爆品必须具备以上三个要素，才能被叫作爆品。否则就只能叫卖得好的产品。

第二个需要说明的是“工程”。这个词其实很重，因为工程必须是体系化、可复制、可验证、可追溯的，需要非常严谨的体系基础。为了把整个做爆品的过程工程化，我花了大量的时间，做了几件事情。

第一，把流程体系化。做爆品有一些流程，但原来的流程比较碎片化，不够系统，所以我将整个流程梳理了一遍，补充了一些容易被忽略的流程，最终形成了一套从产品创意到爆品实施的完整的做爆品的流程。这样用户就可以按照流程打造爆品了。

第二，把原理图形化。在做爆品的过程中，牵涉到很多理论方面的问题。由于这些问题跨界比较大，原理也比较难以理解，我根据实际操作的经验，将这些原理用简单易懂的图形表达出来。这样，用户就很快可以理解这些原理，并很好地应用。

第三，把功能模块化。在做爆品的过程中，有很多角色分担不同的功能。如何才能做到各功能之间不冲突，同时还能很好地衔接？我把主要的功能模块化，这样既可以减少重复工作量，同时也最大程度地避免了功能之间的冲突，提高了做爆品的效率。

第四，把结果数据化。做爆品的过程其实是一个不断试错的过程。那么，谁来判定对错？最合理的方式其实是用数据来检验。所以，在检测结果的每一步，我尽量想办法做出表格，看看最后的数据是什么。数据是客观的，也是实时的，可以大大减少大家做事情的随意性，也能让大家及时发现问题、进行改进。

有了这个基础，我将整个爆品工程进行了分解，细化成一个一个单元，每个单元都可以单独实施。

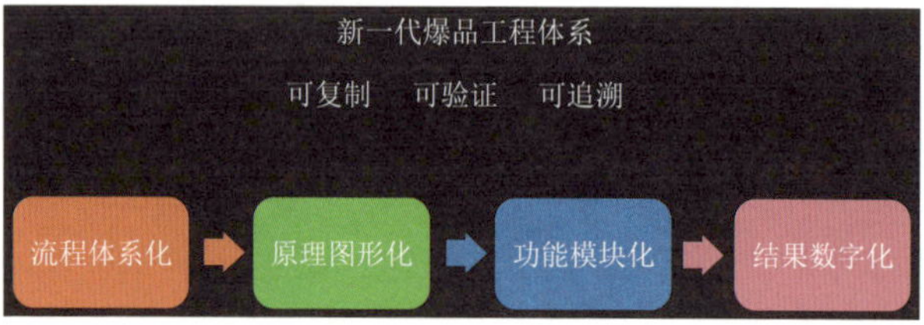

新一代爆品工程体系

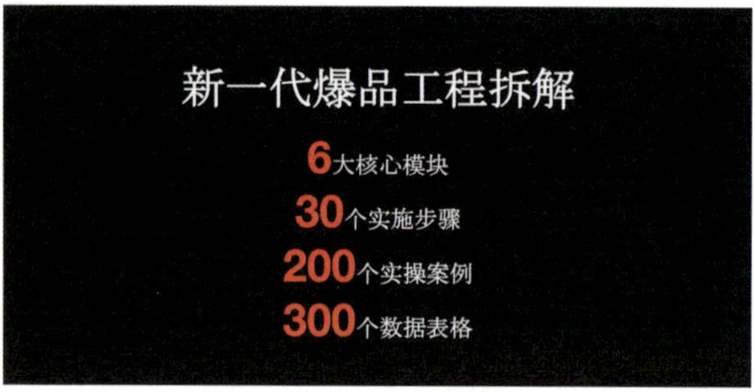

新一代爆品工程拆解图

经过不懈的努力，我终于把“新一代爆品工程”整理出来，其体系如下图所示。

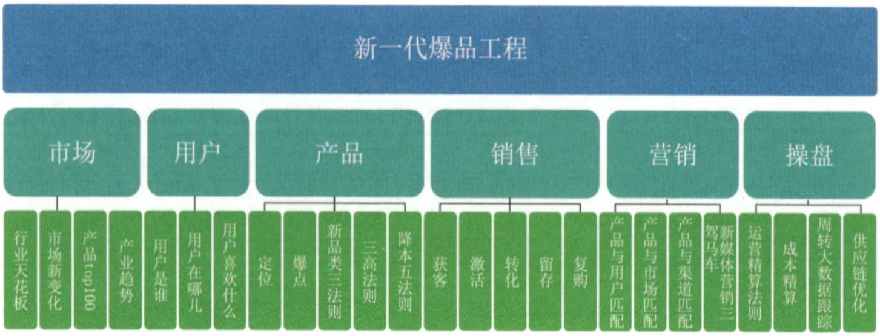

新一代爆品工程体系图

新一代爆品工程如何实施

爆品项目分级

根据产品的影响力以及对公司的重要性，可以对欲打造的爆品项目进行分级处理，不同的级别配备不同的资源。一般来说，对公司有重大价值的项目，我们会列为 S 级，公司会投入尽可能多的资源来支持；有些项目对公司很重要，需要各部门协调配合，可以列为 A 级；还有一些项目虽然很重要，但是可能属于尝试性或者部门级的性质，可以列为 B 级。

当然，这种级别的评定不是绝对的，A 级项目最后的贡献值未必就比 S 级项目少。这么做只是在公司投入和项目优先级方面有个初期的预估，毕竟公司资源是有限的。

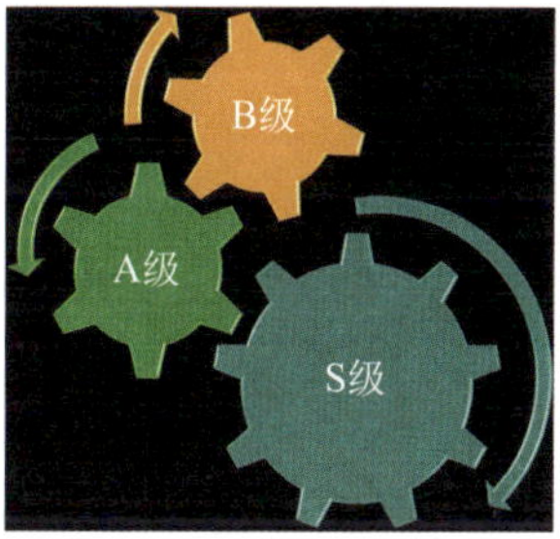

爆品项目分级

爆品分类

当我们确定要做爆品的时候，一定要确定要做的爆品属于哪个类型，不同类型的爆品性质不一样，做法不一样，对团队的要求也不一样。我们把爆品类型分为三类。

第一类，高流速产品。这类产品属于红海市场，产品品类很成熟，技术和供应链也很成熟。这类产品拼的是什么呢？其实就是流速，也就是我们常说的周转速度。对企业来说，这类产品周转越快，竞争力越强。要想提高周转速度，一个秘诀就是产品性能、价格都是用户最喜欢的，成交快。

小米电视就是一个高流速产品。智能电视经过几年的发展，其技术和工艺都已非常成熟。小米电视之所以成为爆品，就是因为特别关注产品流速。小米电视只做那几款用户最喜欢的机型：32 寸、40 寸、50 寸、55 寸、65 寸。这些机型在用户最喜欢的机型中排名前五。在价格方面，小米电视比一般的电视便宜近 30%。“成熟的技术 + 主流尺寸 + 高性价比”，小米电视就成了市面上销量最高的电视。小米电视最快的周转期曾经达到过 10 天，而一般厂商生产的电视周转期在 40 天以上。这就是竞争力。

第二类，高增长产品。这类产品属于新兴市场，新的技术、新的市场催生新的产品。这类产品比拼的是谁的技术好，谁的产品化能力强，谁的速度快。很多创新都是在这类产品上实现的。创新是这类产品竞争的关键。

随着物联网和人工智能的兴起，出现了很多新的产品，比如电子门锁、扫地机器人、语音智能音箱等，这些都是这类产品的代表。用户开始接受这类产品，很多大公司也将资源投入进来，整个市场增长速度非常快。在这个时候，谁的产品创新能力强、推向市场速度快，谁就能占领这个市场。小米利用自己庞大的生态链企业，在物联网市场快速推进。2019 年上半年，小米已经有 1.9 亿台设备（除手机外）连上网络，成为全球物联网联网设备最多的公司。

第三类，黑科技产品。这类产品比拼的就是技术，技术实力和研发能力成为该类产品的核心竞争力。这类产品的好处是技术门槛高，缺点是出成果慢，需要足够的技术积累。比如在最早的无人机市场，大疆的无人遥控以及相关技术，领先整个行业；早期的 VR（虚拟现实）技术，也掌握在少数几家企业手里，例如 Ocolus（欧酷来）、三星、HTC 等；小米的平衡车技术、扫地机器人激光导航技术，都领先于整个行业，自然也成为该行业的佼佼者。

正因为不同的类型竞争角度不一样，所以我们做爆品的时候首先需要知道自己的产品属于哪个类型，只有确定自己的核心优势，才有可能做出爆品。

爆品的三种类型

爆品团队

做爆品一定要有保障机制。我们说的做爆品是战略，不是战术，需要有团队来执行。我们建议爆品团队不要有太多的人，但是参加的人员必须专业、努力，对爆品工程很了解。我们的具体建议如下。

成员组成：CEO、产品、研发、营销、供应链

人数：不超过 6 人

年龄：除 CEO 之外其他成员最好在 40 岁以下

该团队最好直属 CEO 管理，以便协调公司各部门并获得支持。团队成员以产品经理为核心，负责日常爆品工作的推进。在执行过程中，团队成员可以分工合作，但是重大事项最好所有人一致投票通过，CEO 拥有一票否决权。

爆品团队不仅要对产品负责，还要对整个爆品打造全过程负责，包括成本、供应链、生产、营销、售后服务等。只有团队对整个过程负责，爆品才能顺利实施。否则，很容易出现爆品变样，胎死腹中的结果。

在爆品执行过程中，有一点需要特别强调，那就是测试过程。做爆品是一个风险很高的事情，降低风险最好的机制就是增加测试环节。小米在做爆品的过程中，采用了软件开发模式，即“内测 + 公测”模式，内测和公测都要一定量的用户参与测试，

以保证测试的真实性。而且在测试过程中，一旦发现问题，就需要暂停项目，直到解决问题为止，绝不让有重大问题的产品上市。

这是一个非常具有挑战性的程序。如果内测或者公测不能通过，需要叫停项目，这时大家内心会非常舍不得，因为团队和公司为这个产品投入了很多精力和资金。可是从系统成本来看，如果产品有问题，越早叫停成本越低。小米的很多产品甚至走到公测还被“枪毙”掉，就是担心产品的问题用户不接受。如果把这样的产品推向市场，对品牌、对用户都是非常不负责任的。所以，设置好测试环节非常重要。

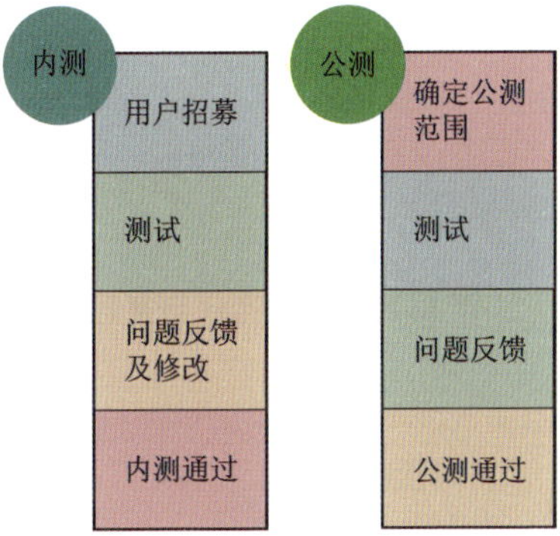

小米内测和公测模式的具体步骤

爆品迭代与复盘

一个好的爆品，一定存在迭代与复盘问题。产品上市是产品正式接受市场检验，是产品的开始，而不是结束。我们需要持续监测用户对产品的满意度以及各种评价。我们会定期把这些评价汇总，看看产品有哪些问题。在正式复盘的时候，我们就要检讨哪些地方做得不错、哪些地方需要改进，以及下一代产品如何迭代。

正是因为有了产品复盘，我们才真正知道产品的改进方向。随着产品的不断迭代，其竞争力就会越来越强，用户最终都会用购买的方式来投票。

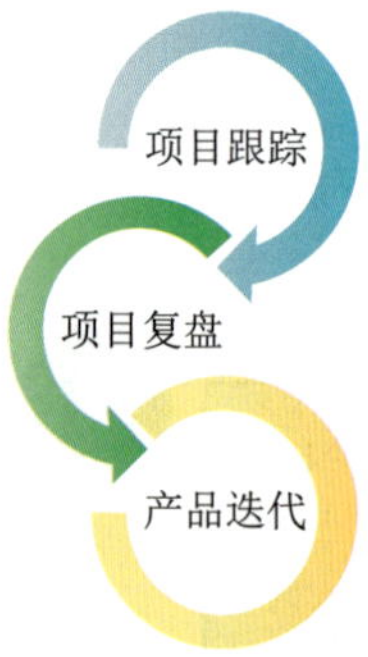

产品上市后的迭代与复盘

爆品打造全过程

要想打造出一个爆品，首先要对爆品有完整的了解，然后根据情况组建队伍，启动市场调研，找准用户目标。如果有些产品是现成的，那我们需要根据用户和市场重新对产品进行定义；如果是新产品，我们需要进行产品原型设计和定义，并进行研发测试。与此同时，我们也需要执行详细的营销计划，最终实现爆品的上市。下图就是爆品打造的全流程。

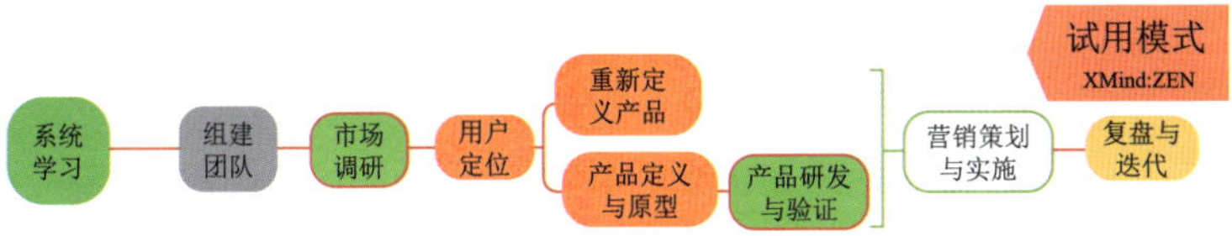

爆品打造全流程图

本章要点

1. 新一代爆品工程是把爆品打造工程化，从而使其可复制、可验证、可追溯。
2. 新一代爆品可分为高流速产品、高增长产品、黑科技产品，不同类别打法不一样。
3. 爆品实施有步骤可循，核心其实是要找准用户。

第10章

爆品开发应注意的问题

饥饿营销真的有效吗？

说起小米营销，很多人想到的必然是饥饿营销。有人对这种营销方式很鄙夷，有人对这种模式趋之若鹜。可是，又有多少人了解真正的饥饿营销呢？

小米手机 58 秒售罄

我们先来看看饥饿营销的定义吧。百度百科对饥饿营销的定义是：

“饥饿营销”用于商品或服务的商业推广，是商品提供者有意调低产量，以期达到调控供求关系、制造供不应求“假象”、维护产品形象并维持商品较高售价和利润率目标的营销策略。

这方面最典型的案例有汽车市场加价销售、地产市场预售、苹果手机的限量销售。饥饿营销的目标有两个：一个是利用饥饿营销制造话题，起到品牌营销的作用；另外一个则是制造市场紧张气氛，抬高价格。

小米手机的公告

客观地说，小米手机早期确实有意无意地采用了饥饿营销的办法。

说有意，是因为那个时期小米手机利润很低，甚至是低于成本价在销售。小米也没有采用传统的请明星代言或者到处砸广告的营销模式，用小米自己的话说就是：营销全部靠自己。雷军也好，小米其他高管也好，大家营销的唯一阵地就是自媒体。好在那时候微博正火爆，QQ 空间也还有一定的影响力，小米自己的论坛上人也不少，但是这些还不够，这些只能影响互联网上的那一群人，很难影响线下。而此时，苹果手机的销售模式很值得借鉴。苹果手机一上市，就有很多人去苹果店排长队购买，网上也有一部分黄牛，高价倒卖苹果手机，无形中造成了苹果手机的饥饿感。在当初把苹果当偶像的小米看来，这种营销模式非常有效。所以一旦有新机发售，小米就在周二上午 10 点开售，小米之家门口也出现排队现象，这和苹果的限时限量购买有异曲同工之妙。而且最重要的是，产品一旦稀缺，就容易吸引黄牛，黄牛会利用各种手段弄到手机，倒腾到线下。这无疑对那时线下完全空白的小米手机来说，是一种很好的填补空白的方式。这是一种典型的互联网营销模式。其具体表现可以看下面这张图。

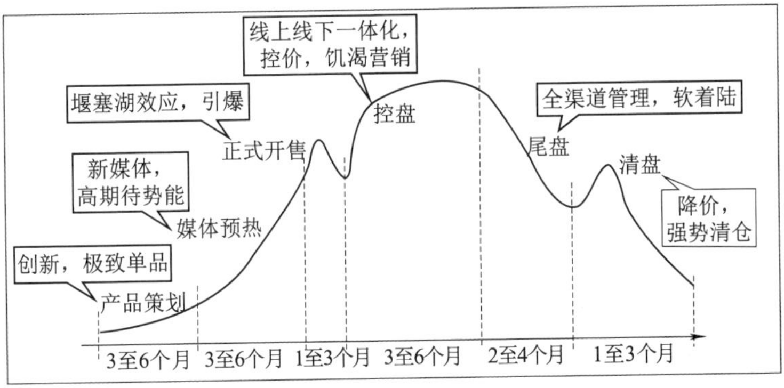

饥饿营销模式全流程图

为什么又说这种做法是无意的呢？主要有以下几点原因。

第一，小米做手机硬件是一个初来者，自身也没有工厂，采用的是苹果公司那种代生产模式。这种模式最大的优点就是按需生产。可是用户的需求到底是多少？这个其实很难评估。互联网的精益创业模式之所以不停地测试市场，不停地做修正，就是这个原因。企业在初期的生产量一定不要太大，否则很容易造成大量积压。手机市场竞争非常激烈，更新换代很快，就像海鲜一样，一旦形成大量库存，很容易出现降价也卖不出去的情况。所以在这个阶段，最合理的做法是宁可缺货，也不能有库存。

应该说，这是一个非常明智的做法。做软件与做硬件最大的不同就是库存问题。一旦产生库存，资金流就会出问题，同时所有的新品换代工作也会受影响。老品卖不出去，新品不敢推向市场，很容易进入一个恶性循环。所以，基于需求保守生产不是为了饥饿，而是为了安全。

第二，小米高性价比带来的市场驱动力。小米做手机，核心目的不是获取硬件利润，而是获取手机用户。所以，小米一开始卖手机就是采用 BOM（原材料成本）定价。这是和其他手机厂商不同的地方。既然不要利润，又主要采用了网上销售的方式，小米的渠道层级就大大减少，自然到用户的渠道成本也很低。所以，小米手机的价格比同类厂商做的手机便宜 1/3 甚至一半以上。低廉的价格加上小米品牌的影响力，使很多用户蜂拥而至，引发了一定的抢购潮，这无疑让黄牛看到了囤货转手的机会。黄牛是市场最敏感的一群人，他们争先恐后参与进来，更加剧了供给不足，所以造成了饥饿。记得 2012 年、2013 年的时候，很多工厂到了周二上午 10 点，都会号召员工一起去抢货，就是为了抢到一部小米手机。这种高性价比驱动下的抢货浪潮很快造成小米手机在几十秒甚至几秒内售罄的局面。客观来说，这个现象是小米没有想到，或者说想到也没有办法控制的。

所以那时候为了防止黄牛倒货，小米出了一堆限制黄牛倒货的政策，比如一人限一机、限制 ID 等措施。可以说，小米是真心想把手机卖给最终用户。这期间，小米网的员工最主要的工作不是卖货，而是和黄牛斗智斗勇。小米内部的 F 码都在网上炒到几百元。

从这个角度来看，当初小米的 BOM 成本定价，本身产生了很大的溢价空间，但小米在这个过程中并没有得到什么好处。小米的产品质量好价格低，把手机卖出去本身难度并不大，缺货情况下小米也从来没有提高价格，所有的溢价其实是被黄牛赚走了。在这个时候，小米其实是和用户站在一起，不希望黄牛来中间吃一道的。

第三，供应链管控能力不足。小米其实是一群互联网人折腾起来的一家硬件公司，这家公司的属性很大一部分是软件和互联网思维，硬件方面有很多不足。其中，供应链管控绝对是一个大问题。

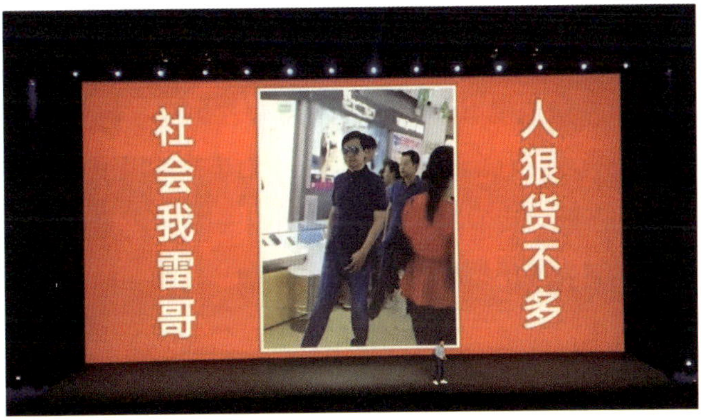

网友调侃雷军

做硬件，没有供应链支撑是绝对不行的。联想这么多年称霸电脑市场，我认为很大一个原因就是供应链管理非常过硬。虽然小米利用互联网模式可以快速做出一部好手机，也可以用互联网营销模式和雷军的明星效应制造足够的市场影响力，但是供应链这道坎儿迟早会让小米付出代价。从销售热度来看，一般产品在发布的一周内是最热的。这个时候如果有足够的产品上市，让足够多的用户拿到产品，就会形成一股浪潮。你身边用某种产品的人多了，很容易产生口碑传播和聚集效应。可是，小米却在发布完手机很长一段时间内缺货，有时缺货时间甚至长达两个月。这就远远不是什么饥饿营销了，而是真的供不上货。要知道，就算小米手机性价比再高，用户也不会为了一部手机等好几个月啊！所以，小米真正的问题就是供应链管控问题。正因为这样，从 2015 年开始，雷军宣布亲自管理供应链，并宣布小米要进行补课，其中补供应链这一课是小米打翻身仗的一个重大举措。雷军在内部会议上总是强调："我们一定要实现现货销售，不能再让用户等待，从而失去最好的销售时机。"2016 年以后，小米手机发布会就添加了一个环节：宣布什么时间现货销售，备货不少于多少万台。从这个角度来看，小米是真心不想进行饥饿营销。

分析了这几个原因，相信大家对小米的饥饿营销已经有了比较全面的了解。我们不要片面强调小米一缺货就是搞饥饿营销，也不要把小米的成功简单归结为饥饿营销。虽然一种营销模式在某一个阶段有用，对某一类产品有用，但是营销的本质其实还是产品，只有你的产品具有足够的竞争力，各种营销模式才能发挥它们的效用。小米手机的成功，以及小米其他生态链产品的成功，本质上还是归功于产品的高性价比，以及小米坚持走的爆品路径。

关于一分钱一分货的认知

小米的诞生，引发了一个很有意思的话题，就是“一分钱一分货”的问题，这个问题的另一面其实就是“便宜没好货”。很多人在质疑小米的产品：手机卖那么便宜，电视卖那么便宜，冰箱、洗衣机卖那么便宜，这些产品靠谱吗？于是，很多人根据自己的想法，理所当然地就把小米的用户归到“草根”“没钱”那一类。那么，事实真的如此吗？

2018 年 9 月，一张“米粉”的 PPT 数据引发了大量的讨论。该数据显示：小米用户平均月收入达到 7 485 元。综合世界银行与福布斯对中国中产阶层的定义，月收入为 5 000 ~ 31 000 元的属于中产阶层。所以，小米用户的收入是中国新生代“中产阶层收入的标杆”。

一石激起千层浪，网络上无数“当米粉真难”“你拖小米后腿了吗”“我被雷军这个米粉平均了吗”的言论蜂拥而出。为什么这个数据会引起如此大的反响？原因只有一个，大家觉得买小米产品的用户都是穷人。

其实，看到这个数据我一点也不惊讶，因为我周边太多的米粉经济收入很可观，很多甚至是大企业的高管。他们买小米产品的原因只有一个：小米的产品好用又实惠，为什么不买呢？

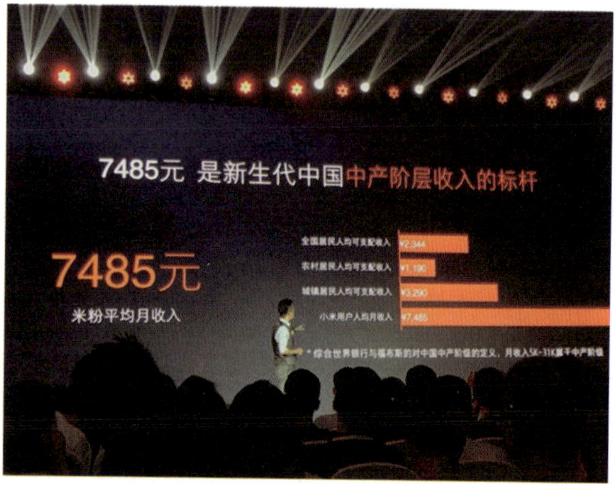

米粉平均月收入

我们还是回到“一分钱一分货”这个话题。这个说法其实没错，只是我们把它与另外一个简单观念弄混了：“价钱贵的就是好货吗？”我相信很多人不认同这样的说法。很多产品就是价格虚高，质量还很一般。

因此，在判定这种说法之前，我们需要先冷静地分析一下产品定价。用户在判定商品的价值时有时会相信直观判断。实际上，产品定价不仅包含原材料成本，还包括公司利润、渠道利润。其中，渠道利润的弹性非常大，有的只有成本的 10%，有的高达成本的好几倍。一个简单的例子就是中国生产的运动服装、名牌包包，漂洋过海到了欧美，还会比国内便宜很多，甚至便宜一半以上。这也引发了一个巨大的“海淘”生意，造成这种现象的原因之一就是渠道效率不一样，我们的传统渠道效率太低了。我们购买的某个商品，经过层层叠加的各种代理渠道，来到用户手中时价格已经翻了好几倍。而小米从一开始就强调渠道效率，坚决消除中间商过多的利润，仅这一点就可以把价格降低一半左右。所以，你以高价格买到的产品，未必就是质量好的产品，也许是渠道拿走了太多的利润。

除了渠道的原因，还有一个原因就是商业模式的不同。小米卖产品强调的是获客：卖手机、卖电视是为了获取用户，卖干电池、卖插线板是为了获取用户流量。小米的核心目的不是硬件利润，而是想办法在后期通过互联网服务获利。所以，小米规定硬件综合利润率不许超过售价的 5%。这就把小米与目前绝大多数硬件公司区别开来。小米不靠硬件赚钱，但是公司赚钱，而其他公司只能靠硬件赚钱。不同的商业模式自然就有不同的定价策略。

可是不管怎么样，小米这种“物美价廉”的模式还是在挑战用户的认知。这一点小米很清楚。不过，小米一直认为，只要坚持下去，用的人多了，小米的理念就会得到更多人的理解。雷军坚持认为：高性价比是王道，用户是最聪明的。正是由于这种理念，雷军坚决反对产品有高毛利，同时也不愿意招聘那些能把产品卖出高毛利的人。他担心这样做会破坏小米的整个根基。

虽然说这条路不好走，但我还是选择相信雷军。货真价实是用户的真实需求，只是我们原来被太多的假象所蒙蔽。现在有一家公司跳出来说真话，并一直这样做。一开始，很多人会不相信你，但是只要你坚持，他们迟早会相信你的。到今天，小米已经影响了上亿的用户，很多米粉已经养成习惯：只要买东西先看小米有没有，如果小米有就直接买小米的。这就是一种力量，这种力量还在不断增长。这是小米能一直坚持下去的真正原因。

小米生态链背后的秘密：爆品策略

小米一开始做手机，后来又做电视、路由器，然后一发不可收拾，插线板、充电宝、手环、净水器、垃圾桶、刮胡刀、电饭锅……什么都做。大家戏称小米成了“杂货铺”。

我在本书中已经解释了为什么小米做这么多产品。小米做这么多产品不是为了赚点外快，而是为了以更多的方式获取用户。要想做到雷军设想的50亿用户，光靠做手机是肯定不行的。于是，雷军天才地设想了各种生态链产品。你只要买了小米的产品，就变成了小米的一个用户。当感受到小米产品带来的好处时，你就会慢慢习惯买小米的产品，享受小米的服务了。小米离那个遥不可及的目标也就更近了一步。这个逻辑没问题。可是，为什么小米能做那么多产品，而且还做得那么好呢？

小米生态链一个最大的秘诀其实是投资逻辑。小米自己不可能无限扩大，也不可能自己把所有事情做好，专业的事情交给专业的人来做，这个道理雷军比谁都明白。所以，当初做天使投资的经历给了雷军很大的启发：为什么不投资那些专业企业呢？所以，雷军做生态链的办法就是进行天使投资。围绕着小米产品的周边，小米投资了几百家企业。这些企业要么与小米手机有关系，要么与小米服务有关系。这样就形成了庞大的生态链系统。

小米投资这些企业非常成功，很多企业最终都成功上市。小米生态链为什么成长得如此之快？小米生态链原负责人，小米联合创始人刘德在《小米生态链战地笔记》里总结了小米生态链四大战法口诀。

小米投资的公司

- 用速度拉开距离
- 用规模降低成本
- 用爆品获得销量
- 用口碑树立品牌

这四大口诀其实并不难理解。在今天这个快速发展的环境里，速度决定一切。一个企业一旦找到风口，就要快速发力，迅速抢占市场，拉开与竞争对手的距离，然后利用快速扩大规模的机会，降低产品成本，优化供应链，同时在生态链上强调精准打击，用爆品炸开市场，让单品获取巨大销量，在用户中建立口碑，从而再次获得流量，形成品牌优势。这套打法看似松散，其实是一个紧密的闭环。其中最重要的，即整个口诀的核心就是爆品逻辑。用爆品把企业成长和发展串联起来，把销量和品牌联动起来，这是小米生态链快速发展的诀窍。

小米生态链能快速成长，离不开小米的大力支持。小米最早的生态链产品都围绕在小米手机周边，然后才慢慢扩散到智能硬件和其他生活耗材。所以，小米生态链不是规划出来的，而是自己成长起来的。

那在这个过程中，小米提供了哪些帮助呢？具体来说，在生态链企业发展初期，小米就像一个保姆，几乎包办了所有的事情，从资金投入、品牌授权、产品定义，再到销售、营销、供应链，甚至 ID 设计也是小米的设计团队来协助的。这样做最大的好处就是生态链企业只需要有一个很精干的团队，把自己擅长的产品做好就行，把其他事情交给小米就好。这对那些初创企业是一个巨大的帮助，它们只需要借助一款爆品迅速成长起来，然后关注下一代产品迭代就好。由于小米品牌的影响力以及强大的米粉群，小米生态链企业往往经过 1 ~ 2 年就可以发展成几亿元甚至几十亿元规模的公司。而且因为业务很单纯，所以它们虽然利润很薄，但是盈利还是稳定的。很多公司 3 ~ 5 年后就完成上市，这也算是中国企业的一个奇迹。

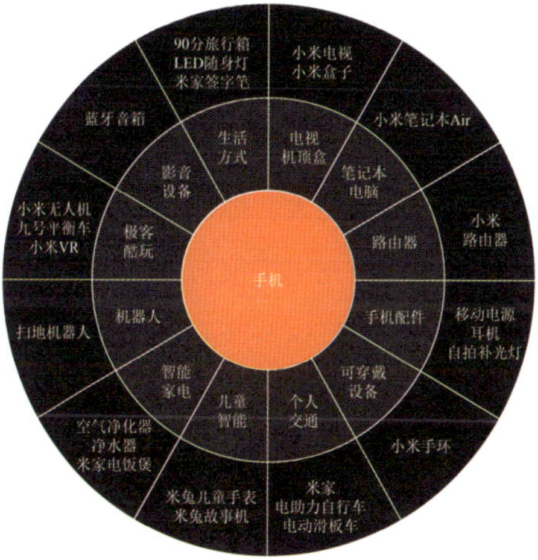

小米生态链

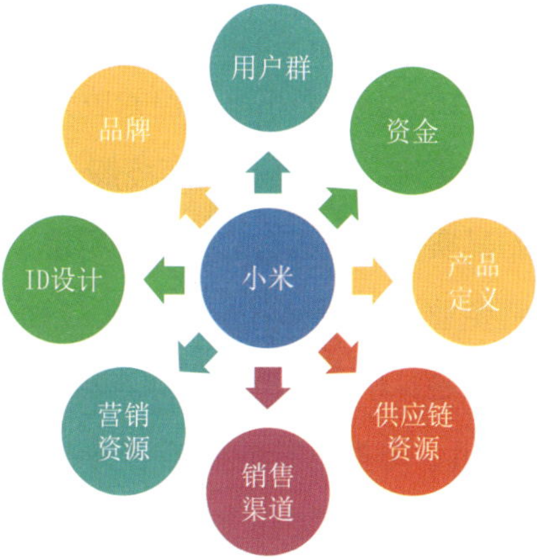

小米为所投资的企业提供的帮助

估计有些用户会问：小米付出了这么多，图什么呢？小米投资这些生态链企业，为的是让这些企业更加具有动力，创始人有掌控自己公司的感觉。小米投资一般采用投资不控股策略，让创始人拥有大部分股权。这样虽然解决了管理问题，但并没有解决利益问题。其实小米算得很清楚，生态链企业未必能给小米带来产品利润，但是小米在品牌收益上收获巨大。你也许没有买小米手机，但是会因为小米手环很便宜、小米充电宝很方便、小米平衡车很酷而购买这些生态链产品。你一旦买了这些产品，就能感受到小米产品带来的便利和实惠，这在无形中就完成了对一个用户的品牌植入。你会对小米这个品牌产生感情，从而成为一个忠实的小米用户。这对小米来说是一件很值得的事情。我周边有很多朋友就是从买手环、买耳机、买插线板开始成为小米用户的。

另一方面，这些生态链企业成功上市，其实也给小米带来巨大的财务回报。从财务投资来看，这也是一笔很不错的投资。从用户角度来看，小米生态链产品就是小米价值的放大器。

当然，还是有人担心，如果小米不控股，一旦这些企业长大了不听话怎么办？其实，无须担心这一点，所谓“捆绑不成夫妻”。要想让这些生态链企业一直围在小米的周围，是很难靠股权来解决的。真正的解决办法是：小米要做好自身。小米只要保证自己的核心业务，比如把手机、电视、智能音箱等关键产品做好，同时建立自己强有力的销售渠道，比如建立好小米网、小米之家，以及小米与京东、天猫等电商平台的合作，就能保证这些生态链企业不愿意、也丢不了小米这块肥肉。更何况小米还有小米、米家品牌的影响力，以及更强大的米粉群，这些都是小米公司的底气。只要这些还在，小米就不担心这些生态链企业有二心。

小米投资生态链企业的收获

所以，小米一直强调自己与生态链企业是兄弟关系，不是附属关系；同时，也鼓励生态链企业进行良性竞争，以免吃软饭而丧失竞争力。这种既互相依存又能独立发展的设计，既促进了小米生态链的繁荣，又间接成就了小米下一代 AIoT 的提前布局。这也算是给其他企业横向发展提供了一种思路吧！

小米的投资逻辑

本章要点

1. 小米饥饿营销不是有意为之，而是产品本身的高性价比带来的需求增长，以及对销售预测和供应链管理的欠缺造成的。
2. 物美价廉其实是用户刚需，提高效率、降低成本，给用户提供质优价廉的产品是可以实现的，不过需要长久坚持。
3. 小米生态链成功的核心策略是爆品策略，同时小米以投资不控股的逻辑做生态链也激发了生态链企业自身的发展主动性。

附　录
金句汇总

小米模式很难复制，小米爆品可以复制。

爆品有套路，爆品可复制。

卖得好的产品不一定是爆品。

爆品三要素：流量、话题、销量。

好产品需要“聪明键”。

好产品是有温度的。

设置“聪明键”，提高用户体验。

让用户觉得聪明的产品才是好产品。

真实不重要，美才重要。

颜值即正义。

产品漂亮就是流量。

产品美，回头率高。

美的产品就是好的产品。

好的产品就要傻白甜。

美的设计，不仅要好看，还要有用。

好到无与伦比，便宜到无法抗拒。

改变用户比改变老公还难，老公可以选，用户没得选。

好的产品经理有三大特点：疯子、脑残、花痴。

重视爆品的 CEO 才是一个合格的 CEO。

用户喜欢什么？懒！

要想产品成功，就要熬死所有人。

骄傲是产品经理的天敌。

忘掉自己很厉害，伟大是认怂。

学会被骂，爱上被骂。

拿到产品的定价权就是拿到行业的领导权。

70 后、80 后逛天猫、京东，90 后、00 后看快手、抖音。

产品爆不爆，用户最重要。

每个产品经理心里都住着一个文艺青年。

一入小米深似海。

做产品，就是俘获人心！

缺货公司不会死，有库存会！

90% 的硬件公司死于库存。

经营公司的秘诀：降低库存、降低库存、降低库存！

不能实现销售转化的营销都是瞎花钱。

饥饿营销的核心不是饥饿，而是营销！

事有反常必有妖。

产品经理的品位决定爆品的格调。

杀鸡就该用牛刀。

一切与用户打交道的地方都是流量入口。

红海就是刚需。

不会讲故事的产品经理不是一个合格的产品经理。

一个好产品，一定有一个好故事！

粉丝要从娃娃抓起！

最好的营销就是：第一！第一！第一！

跨界的核心不是“跨”，而是“界”。

人才争的不是“数量”，而是“密度”。

用户在哪儿，产品就去哪儿。

让产品找用户，而不是用户找产品。

让用户开心的产品才是好产品。

想让产品说话，首先要对产品用心。

首战即决战！

互联网营销：简单、粗暴、有效。

饥饿营销不是耍猴，是提高效率、减少库存。

产品普及率达到5%，就是口碑营销的关键爆发点。

科技不是营销噱头，而是要让用户感知到它的存在。

做爆品的关键是砍掉50%以上的成本。

网红卖货是熟人经济。

小米产品的设计风格是性冷淡中有点“骚”。

营销不是只花钱，而是动脑。

做爆品要克制贪婪。

爆品是战略，不是战术。

漂亮的设计未必成本高。

聪明人用聪明的产品。

用户的痛点就是企业的创新点。

不要把自己当用户。

爆品要有“嗨”点。

用户只为听得懂的科技买单。

觉得用户傻的人才是真傻。

永远不要试图去教育用户。

永远向用户学习。

用户不是上帝，是朋友。

用户错了也是对的。

低成本、高效率的营销就是爆品营销。

我们还没长大就变老了。

不是年轻人长大了，而是我们变老了。

公司转型最简单的方法：给年轻人让路。

员工不是管出来的，是激励出来的。

后　记

我所认识的雷军

认识雷军是在一次会议上，我幸运地坐在我的偶像雷军正后面。等雷军发完言回座位的时候，我赶紧递上了一张名片，这算是我和偶像的第一次亲密接触吧，当时也没抱什么幻想。不到一分钟，我的手机震动了一下，是一条短信：你好！我是雷军，这是我的手机号码。那一刻我有点不相信自己的眼睛，没想到雷军会给默默无名的我发信息，留手机号码。这件事情对我触动很大，我一方面亲身感受到了雷军的平易近人，另一方面也学会了如何尊重身边的人。有时给身边的人一个简单的尊重，会给他们带来无穷的力量。我后来加入小米，和这次相遇有很大的关系。

加入小米后，我与雷军有了更多的接触，对他的认识也越来越多。雷军有三点特质让我印象很深，那就是：高情商、超勤奋、特严谨！

高情商

小米是一家成长很快的公司，用 9 年时间进入了世界 500 强的行列，公司员工从几百人增加到现在的 2 万多人，业务范围也从手机到生态链，再到现在的人工智能。用雷军的话说：小米的商业模式也许是最复杂的商业模式之一，这就对管理提出了更高的要求。就是在这种高强度、高变化的环境中，雷军用他的高情商得到了大家的拥护。记得有一次讨论电视业务的时候，我和一个同事讨论得很激烈。会议结束后，雷军特意叫我单独留一会儿，他微笑着对我说："雄勇，你的情商很高，至少是 A，不过我希望你能达到 A+，这样工作会更加顺利一些。"我的脸一下就红了。说实话，我工作中一直抱着对事不对人的态度，还自以为这样做很高明。雷军的一句话让我意识到工作中有高情商是何等重要。还有一次，我们在讨论一款产品，在雷军阐述他的想法的时候，我几次插嘴表达自己的观点。最后，雷军实在忍不住，看着我说了一句："雄勇，你能听我把话说完吗？"那一刻，我再次意识到自己的情商有多低。

超勤奋

雷军一直是中关村的"劳模"，原来只是听说，来小米后我算是见识了。刚创立小米的时候，雷军还给自己在周日放一天假。2015 年之后，周日上班也成了雷军的常态。我所在的电视部门定期会向雷军汇报工作进展，时间一般安排在晚上 9 点之后。雷军有一条管理秘籍就是：及时决策，开会就要当场解决问题。所以，我们有时候难免把会议时间拖长一些。记得 2017 年小米电视最难的时候，雷军抽了很多时间帮我们一起梳理电视业务，晚上的会议经常超时。2017 年的最后一天，我们的会议拖到了凌晨，大家最后一看，时间已经过了 12 点。我笑着说："雷总，这个跨年过得很有意义，留个照片纪念一下吧。"我们走到雷军办公室门口，才发现还

2018 年 1 月 1 日凌晨电视业务会议后合影

有两拨人在等着开会呢。我们经常感叹：雷总比我们成功，还比我们勤奋，我们又有什么可抱怨的呢？

特严谨

雷军是一个标准的理工男，做事情讲究逻辑，一切基于数据。雷军有一个特质就是对数字非常敏感。我们汇报的时候，基本上就是几张表格，对着表格说事简单直接，效率很高。不过数字很容易说谎，所以雷军对数字的严谨性非常在意。我最初负责销售的时候，把表格做得比较复杂，雷军听了我的两次汇报后，直接拿起笔，一笔一笔教我如何做表格，并告诉我整个表格的逻辑是什么，如何让表格简化直观还能反映问题。有一次，我把一个数字弄错了，雷军马上说："不对，你上次提到的不是这个数字，为什么发生了变化?”上次?我一时想不起来。雷军解释说他刚才听到的数字和年初我们做预测的时候的数字是不一样的。天啊，那可是半年前的数字，雷军竟然还记得清清楚楚！后来，有金山的同事告诉我，雷军有时能把几年前的数字拿出来进行对照，所以向他汇报千万别在数字上做文章，他的思维逻辑太严谨了。

这就是我看到的雷军，温情又严肃，聪明又勤奋，祝福雷军！祝福小米！